Dorothee Fleischmann

111 Orte im Taunus, die man gesehen haben muss

111

emons:

Bibliografische Information der Deutschen Nationalbibliothek
Die Deutsche Nationalbibliothek verzeichnet diese Publikation in der Deutschen Nationalbibliografie; detaillierte bibliografische Daten sind im Internet über http://dnb.d-nb.de abrufbar.

Layout: Eva Kraskes, nach einem Konzept
von Lübbeke | Naumann | Thoben
Kartografie: altancicek.design, www.altancicek.de
Kartenbasisinformationen aus Openstreetmap,
© OpenStreetMap-Mitwirkende, ODbL
Druck und Bindung: Hitzegrad Print Medien & Service –
Lensing Druck Gruppe, Feldbachacker 16, 44149 Dortmund
Printed in Germany 2017
ISBN 978-3-7408-0126-7
Originalausgabe

Vorwort

Der Taunus gehört zu den schönsten und beliebtesten Mittelgebirgen in Deutschland. Das hat viele Gründe: die reizvolle Landschaft, die vielfältigen Freizeitmöglichkeiten, die kleinen Fachwerkdörfer und hübschen Kurorte oder der Limes. Aber neben bekannten Sehenswürdigkeiten wie der Saalburg und dem Hessenpark oder dem Feldberg und dem Altkönig gibt es unzählige kleine Besonderheiten und Geschichten, die diese Region einzigartig machen. Ob Apfelwein oder Schinderhannes, Kurschatten oder Märchenschlösser, Selterswasser oder hausgebrannter Schnaps, Homburger oder Fünfziger-Jahre-Architektur: Dieses auf den ersten Blick eher unscheinbare Mittelgebirge überrascht seine Besucher mit Industriedenkmälern, Handwerk, Kunst, Architektur, Museen und Heilquellen genauso wie mit einzigartigen Brunnen, Weihern oder Kraftwerken, Wiesen, Feldern, Hügeln und nicht zuletzt Wäldern, die jederzeit für eine plötzlich auftauchende Treibjagd gut sind.

Kreuz und quer durch die Landschaft, auf und ab durch die Höhen und Tiefen des Taunus wurden die Orte dieses Buches in zum Teil versteckten Winkeln, in Hinterhöfen oder an historischen Schauplätzen gefunden, die bereits in Vergessenheit zu geraten drohen. Sie ermöglichen einen anderen Blick auf diese Region, die im Westen vom Rhein, im Norden von der Lahn und im Süden vom Main begrenzt wird und sich im Osten bis zur Wetterau erstreckt.

Charakteristisch sind unzählige Details jenseits der konventionellen Touristenpfade, die sich in diesem Buch wiederfinden und die Region bunt machen. Es sind Orte am Rande der bekannten Sehenswürdigkeiten, oft mit einer interessanten Geschichte verbunden, es sind liebenswerte, aber zuweilen auch einfache und raue oder beschauliche Plätze. So bietet sich eine Auswahl der vielen Möglichkeiten des Taunus für Entdecker.

111 Orte

Steinbruch
Unfallgefahr!
Betreten
verboten!

EXAMEN
ARCHITEKTUR
Venchi

1 Die Laurentiuskirche

Dienstältestes Gebäude

Hoch über dem Dorf mit Blick auf die umliegenden Höhen liegt das Gotteshaus, von einem kleinen Friedhof umgeben. Eine erstaunliche Lage für eine Kirche, die sich normalerweise fast immer im Mittelpunkt des Ortes befindet. Ruhig und beschaulich liegt die Laurentiuskirche in Arnoldshain. Es ist das älteste bis heute genutzte Bauwerk im Hochtaunus, dessen Geschichte bis ins Jahr 1156 zurückgeht. Nachweislich erwähnt ist die Kirche jedoch erst 1215. Damals sah sie noch anders aus. Im 15. Jahrhundert wurde sie erweitert und erhielt die heutige Größe.

Lange Zeit gab es Streit um die Konfession; zunächst war Sankt Laurentius katholisch, seit Mitte des 16. Jahrhunderts evangelisch. Vor inzwischen gut 1.000 Jahren begannen die Erzbischöfe von Mainz, im damals äußerst spärlich besiedelten Hochtaunus kirchliche Strukturen aufzubauen. Arnoldshain gehörte zum Herrschaftsgebiet der Herren von Hattstein, die am heutigen Standort oberhalb des Dorfes eine kleine Kirche errichteten. Sie wählten den heiligen Laurentius zum Schutzpatron, denn in Deutschland hatte sich eine Art Laurentius-Kult entwickelt. Er ist der Schutzpatron für unterschiedliche Berufe, die mit offenem Feuer zu tun haben – wie Köche, Bäcker oder Feuerwehrleute.

Mehr als 800 Jahre lang hat der Sakralbau nun Gläubige kommen und gehen sehen, unzählige Predigten wurden hier gehalten, und Hunderttausende von Gebeten haben ihren Weg Richtung Himmel gefunden. Alte Grabsteine an der Innenwand des Kirchenschiffes weisen auf lang zurückliegende Bestattungen hin. Dennoch strahlt die Kirche Lebendigkeit aus: Die blau gestrichenen Bänke, die liebevollen Dekorationen, Altarschmuck und andere Details zeigen, dass hier heute noch Glauben zelebriert wird. Die Kirche ist sonntags tagsüber geöffnet, der Gottesdienst beginnt um 10 Uhr. An anderen Tagen kann im Pfarrhaus unterhalb der Kirche (im Gemeindebüro) nach dem Schlüssel gefragt werden.

Adresse Sankt Laurentius Arnoldshain, Kirchgasse 15, 61389 Schmitten, Tel. 06084/2276 | **Anfahrt** von der L 3004 Richtung Schmitten, dann Arnoldshain, links abbiegen in die Forsthausstraße, danach Taunusstraße, in die Kirchgasse oder der Beschilderung Evangelische Kirche folgen | **Tipp** Die Schloßborner Waldkapelle liegt versteckt am Fuße des Butznickels am westlichen Ortsrand von Schloßborn. Ein Weg führt vom Parkplatz »Nachbarwald« (Fortführung Kröfteler Straße) am Pferdehof vorbei zum Wald. Dem mittleren Weg Richtung Butznickel folgen.

2 Die Schmiede

Wo es einst boomte

Früher war es laut hier, es hat gedampft und gestampft, Menschen in Arbeitskleidung liefen geschäftig herum; sogar eine eigene Zugverbindung wurde in den Ort gelegt. Hier befand sich ein Eisenwerk der Familie Buderus. Sie hatte bereits in der Mitte des 18. Jahrhunderts in der Gegend mit der Gewinnung und Verarbeitung von Eisenerz begonnen und sich in der Region um Wetzlar mit Zweigstellen und Niederlassungen ausgebreitet.

Heute ist Audenschmiede ein Straßendorf, genau genommen noch nicht einmal ein Ort, sondern lediglich ein Ortsbezirk von Weilmünster. Es liegt im landschaftlich äußerst reizvollen Weiltal im Hintertaunus und besteht quasi aus einer Straße, der Buderusstraße. In wenigen Sekunden ist Audenschmiede durchkreuzt, es gibt nur wenige Häuser, dafür aber eine alte Fabrik mit einem hohen Schornstein daneben und eine kleine Lagerhalle mit zwei grünen Toren, die ins Auge fällt. Darin befand sich vor langer Zeit die Schmiede der Firma Buderus.

Aufgrund seiner Erzvorkommen war dem gesamten Weiltal bereits seit der Keltenzeit eine besondere Bedeutung zugekommen; Audenschmiede entwickelte sich zu einem wichtigen Industriestandort. Hier wurden schon im 15. Jahrhundert Ofenplatten und zuweilen auch Kanonenkugeln hergestellt. 1797 schließlich kaufte Johann Wilhelm Buderus die Audenschmiede. Seine Familie besaß verschiedene Schmieden und Öfen, vor allem aber einen Namen in der Eisenindustrie. Im 19. Jahrhundert spezialisierte sie sich auf Munitionsguss und gehörte zu den führenden Unternehmen der deutschen Eisenindustrie. Als das Unternehmen aufgrund von Familienstreitigkeiten zwischen den Nachkommen aufgeteilt wurde, verlor der Standort Audenschmiede immer mehr an Bedeutung. Nur eine größere Firma, die sich um Oberflächenveredelungen kümmert, hat sich auf dem Werksgelände gegenüber der alten Schmiede niedergelassen. Sonst ist es sehr ruhig geworden in Audenschmiede.

Adresse Buderusstraße 28/29, 35789 Weilmünster | **Anfahrt** von Weilmünster über die Weilstraße und L 3025 folgen (circa 2 Kilometer); landschaftlich besonders schön ist die Strecke über die L 3021 und L 3063 von Selters kommend | **Tipp** Im Taunus sind noch einige metallverarbeitende Unternehmen angesiedelt. So zum Beispiel die Firma Arnold in Friedrichsdorf, die sich auch durch die Herstellung von Kunstwerken (zum Beispiel für Jeff Koons) einen Namen gemacht hat. Nicht weit entfernt befindet sich in Laubuseschbach die Schmiede Markus Balbach. Sie ist ein Ableger des Kunstschmiede-Familienunternehmens aus dem Sauerland.

3 Die Gehörlosenschule

Tue deinen Mund auf

Es ist ein auffälliges Gebäude, denn es passt eigentlich gar nicht in das von Fachwerkhäusern geprägte Erscheinungsbild von Bad Camberg. Doch es strahlt etwas Besonderes aus, ist äußerst gepflegt und ästhetisch ansprechend. Womöglich liegen diese Hingucker-Qualitäten aber auch in der Geschichte der Schule und dem Denkmal begründet, das zentral zwischen zwei Bäumen, die es einrahmen, vor dem Klinkerbau steht. Auf einem Sockel ist Hugo Freiherr Schütz von Holzhausen zu sehen, Gründer und Namensgeber der Gehörlosenschule. »Tue deinen Mund auf für die Stummen«, steht auf seinem Ehrendenkmal. Er selbst verlor im Alter von sechs Jahren nach einer Krankheit seine Hörfähigkeit, genauso wie drei andere seiner insgesamt 21 Geschwister. Da von Holzhausen glücklicherweise aus einer wohlhabenden Familie stammte, konnten seine Eltern ihn auf das Wiener Institut für Taubstumme schicken. Dort lernte er Gebärden- und Schriftsprache und vermittelte diese nach seiner Rückkehr auch seinen drei Brüdern. Weil er das offenbar besonders gut machte und sich dies in der Umgebung herumsprach, fragten schon bald andere Eltern an, ob er nicht auch ihre Kinder unterrichten könne. 1810 kam der erste Schüler auf sein Privatinstitut, das sich im Amthof von Bad Camberg befand und im damaligen Herzogtum Nassau (dem heutigen Taunus und Westerwald) wegweisend war.

Die Schule wuchs stetig und mit ihr die Ansprüche an das Lehrangebot. Als Hugo von Holzhausen seine Schüler auch in der Lautsprache unterrichten sollte, war er aufgrund seiner eigenen mangelnden Sprachfähigkeit dazu nicht in der Lage und bat 1828 um seine Entlassung aus dem Lehrberuf.

Die Schule jedoch wirkte in seinem Geiste fort und entwickelte sich stetig weiter. Nur in der NS-Zeit erfüllte sie einen anderen Zweck: Sie wurde zur Haus- und Landarbeitsschule umstrukturiert, in der Schülerinnen gemäß der geltenden Ideologie auf ihre Aufgaben als Frau und Mutter vorbereitet wurden.

Adresse Freiherr-von-Schütz-Schule, Frankfurter Straße 15–19, 65520 Bad Camberg | **ÖPNV** mit der Regionalbahn oder der S 2 (aus Frankfurt) | **Anfahrt** über die B 8 aus Limburg, an der Frankfurter Straße links, oder von Glashütten oder Königstein kommend auf der rechten Seite | **Öffnungszeiten** Das Denkmal steht vor der Schule und ist jederzeit frei zugänglich. | **Tipp** In der Schulstraße 6 befindet sich das ehemalige Wohnhaus der Familie Ordeneck. Barbara Ordeneck war eine der Frauen, die der Hexenverfolgung zum Opfer fielen. Das Heimat- und Dorfmuseum von Pfaffenwiesbach zeigt unter anderem, wie Kinder früher unterrichtet wurden, sowie eine Landkartensammlung (Lindenstraße 5, 61273 Wehrheim).

4 Das Kraftwerk

Judenhass in Beton

Unvorstellbar, unbegreiflich und erschreckend ist das Stufenkraftwerk in Bad Camberg. Dieses Wasserkraftwerk wurde während des Zweiten Weltkrieges geplant und ist ein verborgenes Mahnmal, das den Wahnsinn dieser Zeit dokumentiert. Was zuerst vernünftig klingt, nämlich eine flächendeckende Versorgung der Landbevölkerung mit günstigem Strom, wird bei genauerem Verstehen fast absurd. Denn die Nazis verfolgten damit zugleich antisemitische Ziele, die einer fanatisch durchdachten faschistischen Wirtschaftsideologie folgten. Das sogenannte »jüdische Großkapital« sollte systematisch aus der Energiewirtschaft ausgeschlossen werden.

Es ist ein äußerst unangenehmer Ort, zugleich ein Mahnmal, das an seinen Erbauer Dr. Franz Lawaczeck erinnert. Dieser war ein Wirtschaftstheoretiker, der – im Sinne der NSDAP – antisemitisch argumentierte. Auch bei der Planung und dem Bau des Stufenkraftwerks ging es ihm darum, durch bewusste Einschränkungen die jüdische Bevölkerung und ihr Vermögen anzugreifen. Das Stufenkraftwerk verdeutlicht die NS-Wirtschafts- und Energiepolitik. Lawaczecks Idee bekam von einigen Nazi-Größen Zuspruch, die Umsetzung scheiterte jedoch aus Rentabilitätsgründen.

Die gesamte Anlage ist wuchtig, unheimlich und bis auf die Graffiti an der Nordseite grau – wenngleich sie in einem kleinen friedlichen Waldstück wie auf einer Insel liegt, die inzwischen zugewachsen ist und den Brutalismus ein wenig mildert.

Franz Lawaczeck wurde lange Zeit als »Erfinder-Ingenieur« geehrt, seine braune Vergangenheit jedoch verschwiegen. Neuere historische Untersuchungen zeigen aber, dass nicht nur er, sondern auch seine Brüder Ernst und Paul bekennende und »praktizierende« Nazis der Region waren. In Bad Camberg waren sie aktiv an der Ausplünderung und Ausgrenzung der dort ansässigen Juden beteiligt. Die Ruine des Camberger Stufenkraftwerks erinnert daran. Ein äußerst unangenehmes Denkmal.

Adresse Die Bauruine des Stufenkraftwerks Bad Camberg befindet sich zwischen Bad Camberg und Würges (westlich der B 8 in Richtung Camberg) in Höhe des Abzweigs zur L 3031 (am Bachlauf des Emsbaches). | **Anfahrt** von der B 8 Richtung Würges; kurz vor dem Abzweig zur L 3031 liegt das Kraftwerk rechts; am besten vom Ortsende zu Fuß über den kleinen Weg parallel zur B 8 und dann rechts; hinter dem Verteilerkasten liegt das Architektur-Relikt | **Tipp** In Weilmünster befindet sich ein Gedenkfriedhof mit Denkmalstein für die Opfer der Euthanasie. Während der NS-Zeit wurden in der Landesheil- und Pflegeanstalt Weilmünster mehrere tausend Menschen getötet. Am heutigen Klinikum Weilmünster befindet sich ein weiteres Denkmal zur Erinnerung an die Zwangssterilisierung.

5 Der Kräutergarten

Kleine Heilkunde

Bad Camberg ist das älteste hessische Kneippheilbad. Ein kleiner Einblick in die Welt der Heilkräuter bietet sich im heimischen Kneipp-Kräutergarten. Der Garten liegt oberhalb des Kurparks am Ernst-Maria-Lieber-Weg; dort werden einzelne Pflanzen und deren Wirkung sowie Heilmöglichkeiten vorgestellt. Sebastian Kneipp war einer der bis heute bekanntesten Verfechter der natürlichen Heilmethoden, und wie das funktioniert, versteht der Besucher hier recht schnell. Nicht jeder weiß, wofür Katzenminze, Lavendel oder Benediktenkraut gut sind und bei welchen Krankheiten sie eingesetzt werden. Oder welche Kräuter besonders gut bei Rheuma oder Herz- und Kreislauferkrankungen helfen oder die Verdauung anregen.

Der Garten ist übersichtlich. Er besteht aus 14 verschiedenen Beeten, die nach Anwendungsbereichen angelegt sind. Dabei wird schnell deutlich, dass die Kräuter auch in der Küche nützlich sind und idealerweise in den Ernährungsplan miteinbezogen werden sollten.

Pfarrer Sebastian Kneipp war sich sicher, dass das Wissen um Kräuter den Menschen helfen und Krankheiten vorbeugen kann. Neben Kräutern war er ein Verfechter von Wasserkuren und gilt als deren Erfinder. Er hatte in einem Buch über die Wirkung von Wasser gelesen und es selbst ausprobiert. Als er an Tuberkulose erkrankt war, badete er wiederholt in der eiskalten Donau und wurde gesund. So wurden Wasseranwendungen für ihn zum Bestandteil seines eigenen Lebens, und er verbreitete seine Erfahrungen. In Bad Camberg liegt ein Tretbecken unweit des Kräutergartens.

»Wenn einer ein Dutzend solcher Kräuter kennt und deren Wirkung, dann kann er unendlich vielem Unheil vorbeugen«, war Kneipps Devise. Also auf zur Kräuterkunde nach Bad Camberg und allen Beschwerden zu Leibe rücken.

Adresse Kneipp-Kräutergarten, Ernst-Maria-Lieber-Weg (oberhalb des Kur- und Gesundheitszentrums im Badehausweg), 65520 Bad Camberg | **Anfahrt** von der B 8 aus Richtung Limburg (oder Königstein) von der Frankfurter Straße in die Straße Neumarkt und dann Mauergasse einbiegen, hinter der Mauergasse liegt der Kräutergarten | **Öffnungszeiten** Führungen von Mai–Okt., Teilnahme ist kostenlos; Termine unter www.bad-camberg.info | **Tipp** Auch in Bad Nauheim wird Kneipp verehrt. Unter anderem mit einer Büste am Sprudelhof.

6 Die Bar im Steigenberger

Zum Senioren-Aperitif

Lässig wird der Pelz aufs Sofa geworfen, die Designertasche in leuchtendem Orange auf dem Tisch drapiert, eine farblich passende Pelzstola trägt die Dame dazu, eine andere ist in klassischem Schwarz gekleidet. Es sind die alten, wohlhabenden, auf Prestige bedachten Bad Homburger, die sich hier im Steigenberger Parkhotel zum abendlichen Aperitif treffen. Natürlich gibt es auch andere Gäste in der Bar, die einfach nur die Atmosphäre und ihren Cocktail genießen wollen. Hier gilt sehen und gesehen werden. Dennoch ist die Bar ein guter Treffpunkt, um den Feierabend einzuläuten, vor allem aber, um einen vernünftigen Drink zu sich zu nehmen.

Eine Primadonna ganz in Schwarz, mindestens 80 Jahre alt, mit dicken und langen Perlenohrringen, Ringen und Armbändern behängt, äußerst stilvoll und zugleich möglichst auffällig, sitzt mit ihrer Freundin oder Schwester zusammen, hört dieser unentwegt redenden Person zu, schüttelt nur ab und zu angewidert und empört den Kopf und äußert sich ein wenig herablassend, aber zugleich bestimmt. Sie schaut mit steifem Hals nach rechts und links, doch möglichst oft auch an ihrem Gegenüber vorbei. Gesten sagen hier mehr als Worte. Ein alter Herr ist vor lauter Langeweile und Warten in einem der bequemen Sessel eingenickt, auch nach 20 Minuten sitzt er dort in der gleichen Haltung. Er war definitiv zu früh da, und es war noch nichts los.

Es ist ein lohnendes Schauspiel täglich während der Woche zwischen circa 16.30 Uhr und 19 Uhr (am Wochenende sind sie zu Hause). Bei einem gut gemischten Aperol Spritz mit ganz viel Eis lässt es sich verfolgen. Die alten Herrschaften nehmen die Getränke lieber nicht so kalt zu sich, und für Stammkunden steht zudem ein Glas mit Salzstangen bereit. Für die anderen Besucher gibt es in angenehmem und stilvollem Ambiente (das gilt für Bar und Hotel) etwas zu sehen und zu trinken.

Adresse Steigenberger Parkhotel, Kaiser-Friedrich-Promenade 69, 61348 Bad Homburg vor der Höhe, Tel. 06172/1810 | Anfahrt von der A5 Ausfahrt Bad Homburg Stadtmitte, an der zweiten Ampel rechts Marienbader Platz, dann vierte Straße links in die Kaiser-Friedrich-Promenade, das Hotel liegt gegenüber dem Kurpark (Ecke Kisseleffstraße) | Tipp In der Louisenstraße 94 befindet sich eine weitere Bar: De la Soup ist Bad Homburgs erste Suppen-Bar! Täglich außer Sonntag ab 11 Uhr gibt es hier Suppen aus aller Welt in modernem Ambiente.

7 Die Brückensensation

Wegweisend zur Jahrhundertwende

Ein Spaziergang durch Bad Homburgs Altstadt führt fast automatisch zum Hexenturm und zur Ritter-von-Marx-Brücke. Den wenigsten Besuchern ist bekannt und bewusst, welche Bedeutung diese Brücke hat: Sie gilt als erstes Bauwerk Europas, das einen ganzen Stadtteil überquert. Was sich gigantisch anhört, relativiert sich schnell. Die kleinen alten Fachwerkhäuser, die sich links und rechts in schmalen Gassen unterhalb der Brücke drängen, waren damals Stadtteil, sind aber mit heutigen Dimensionen nicht vergleichbar. Zu Beginn des 20. Jahrhunderts jedoch war dieser viertelübergreifende Brückenschlag eine Sensation.

Ernst Ritter von Marx, damals Bürgermeister von Bad Homburg, versuchte auf verschiedenen Wegen, das Ansehen und die Größe der Stadt zu steigern und den Obertaunuskreis wirtschaftlich weiterzuentwickeln. Er förderte den Fremdenverkehr und neue Wohngebiete, Verkehrsverbindungen und öffentliche Einrichtungen. Mit dem Brückenbau sollte eine bessere Anbindung an die angrenzenden Stadtteile erfolgen. Sein Plan sah auch den Neubau einer historisch anmutenden Burgzufahrt mit Wachhäuschen und den Wiederaufbau des ehemaligen Hessenturmes vor, der aus dem 14. Jahrhundert stammt. Das Resultat ist bis heute zu bestaunen, jedoch befindet sich in dem Wachhäuschen heute ein öffentliches WC – und der Hessenturm heißt Hexenturm. Alle Vorschläge wurden damals angenommen. Wahrscheinlich war Kaiser Wilhelm II. ein Fürsprecher, denn er liebte das Kurbad und verbrachte regelmäßig mehrere Wochen in Bad Homburg.

Ernst Ritter von Marx blieb bis 1921 Bürgermeister. Einige Jahre später musste er Deutschland aufgrund seiner jüdischen Herkunft verlassen und emigrierte nach England. Seine sensationelle Brückenkonstruktion wird heute zuweilen mit einem Fly-over verglichen. Fliegend ist die Brücke jedoch nicht, sie steht auf massiven Brückenbögen. Wegweisend war sie dennoch.

Adresse Ritter-von-Marx-Brücke, 61348 Bad Homburg vor der Höhe | **Anfahrt** Von der A5 Ausfahrt Stadtmitte und dann über den Hessenring und Hindenburgring. Die Ritter-von-Marx-Brücke liegt rechts Richtung Altstadt oder Schloss. Zu Fuß durch die Fußgängerzone und die Altstadt kommend führt der Schulberg direkt zur Brücke (Schloss links). | **Tipp** In Steinbach gibt es eine alte Eisenbahnbrücke zu sehen. Das Viadukt führt über den Steinbach und liegt in der Nähe des Wiesentals (Verlängerung des Praunheimer Weges) in Richtung Praunheim.

8 Die Galerie Artlantis

Die alte Kartonagenfabrik

In Bad Homburg wurde über 100 Jahre lang Pappe gestampft. Am Rande des Forellenteiches der Landgräflichen Gartenlandschaft befand sich einst eine alte Walkmühle, in der Rohwolle zur Verarbeitung gewalkt wurde. Die Mühle hatten 1808 ein junger Strumpffabrikant und ein Weber gebaut. Als diese jedoch nicht mehr genug ausgelastet war und den Pächtern das Geld ausging, wurde sie zusätzlich als Kornmühle genutzt und wechselte mehrfach den Besitzer. Mitte des 19. Jahrhunderts wurden die Mühle und das angrenzende Gebäude in eine Pappenfabrik umgewandelt. Hier mussten nun die sogenannten Stampfer barfuß und mit der Kraft ihrer Füße Altpapier zerstampfen. Und daraus wurde anschließend in der Forellenteichmühle Graupappe hergestellt. Einige Relikte sind heute noch zu erkennen: der alte Backsteinschornstein oder die hölzerne Halle, in der früher die Pappen zum Trocknen hingen.

Als mit dem stetigen Anwachsen der Bevölkerung auch der Bedarf an Wasser in der Region anstieg, reichten die Bäche und Mühlen bald nicht mehr aus, um alle versorgen zu können. Auch die Produktion der Pappen wurde durch die schwindende Mühlenkraft immer beschwerlicher und musste schließlich eingestellt werden.

1996 wurde das Gebäude wiederentdeckt und bekam eine neue Funktion. Es dient nun dem Kunstverein Artlantis als Ausstellungshalle für wechselnde Sammlungen und Projekte. Hans Helmut Rupp, dem Vorsitzenden des Vereins, gefiel das Ambiente auf Anhieb, und er renovierte in Eigenregie mit anderen Künstlern die Halle. Jetzt finden hier regelmäßig Kunstevents statt, die zuweilen auch die umliegende Landgräfliche Gartenlandschaft und die angrenzenden Forellenteiche miteinbeziehen. Diese wiederum versorgten früher die Schlossküche mit Fisch, bis sie als Badeanstalt genutzt wurden – zuerst vom preußischen Militär, dann von der Zivilbevölkerung. Es war die erste Badeanstalt in Bad Homburg. Heute wird wieder geangelt.

Adresse Galerie Artlantis, Tannenwaldweg 6, 63150 Bad Homburg vor der Höhe | **Anfahrt** von der A 5 auf die A 661 in Richtung Bad Homburg, zweite Abfahrt Oberursel/Bad Homburg Industriegebiet, dann links abbiegen | **Öffnungszeiten** (nur während der Ausstellungszeiten) Fr 15–18 Uhr, Sa, So, Feiertage 11–18 Uhr | **Tipp** In der Zehntscheune in der Bornstraße 18 befindet sich in einem über 400 Jahre alten Gebäude eine andere Galerie mit zeitgenössischer Kunst. Der Schwerpunkt liegt dabei auf Kunst aus den ostdeutschen Bundesländern.

9 Das Horex-Museum

Vom Konservenglas zum Motorrad

Die Glanzzeit der Motorradmarke Horex liegt über 50 Jahre zurück. So wissen heute vor allem Motorradkenner, was sich dahinter verbirgt. Doch schon allein der Name hat interessante Hintergründe: Er entstand aus Ho für Homburg und Rex für die elterliche Konservenglasgesellschaft des Gründers. Friedrich Kleemann steckte dahinter; der hatte sich zuvor jahrelang gemeinsam mit Jean Leonhardt um das »Einrexen« von Konserven gekümmert. Einrexen bedeutet so viel wie einmachen, den Begriff prägte die frühere Konservenfabrik Rex. Hier wurde am laufenden Band eingerext, und so ging das Wort schließlich in den Sprachgebrauch über. Das Unternehmen war lange Zeit äußerst erfolgreich. Die vielseitig interessierten und einfallsreichen Eigentümer waren jedoch nicht nur Fabrikanten, sondern machten sich auch als Missionare und Motorradliebhaber einen Namen. Berühmt wurden sie in Bad Homburg durch ihre todesmutige Tour im Ersten Weltkrieg. Vollgepackt mit Konserven und gesammelten Paketen machten sie sich mit ihrem Auto auf den Weg an die Front, um den Homburger Soldaten eine Freude zu bereiten. Nach dem Tod Leonhardts verkaufte Kleemann schließlich die Konservenfabrik und stellte fortan Motorräder her.

Wie diese Motorräder aussahen und wie sich die Industriegeschichte in Bad Homburg entwickelte, ist seit einiger Zeit in einem Museum direkt hinter dem Bahnhof zu sehen. Das Museum, das schon von außen an den Motor einer Horex-Maschine erinnert, ist durchaus interessant. Hier steht zum Beispiel ein altes Fahrgerät von Philipp Reis, dem Erfinder des Telefons, der im nahen Friedrichsdorf lebte. Darüber hinaus viele der legendären Maschinen, die einst auf berühmten Rennen wie auf der Avus oder dem Hockenheimring fuhren.

Einen guten Einblick in die 1950er und 1960er Jahre geben auch die Fotos von Erika Wachsmann, die bereits seit 1955 immer wieder das Horex-Werk und die Familie fotografierte.

Adresse Horexstraße 6, 61348 Bad Homburg vor der Höhe, Tel. 06172/1013167; https://www.bad-homburg.de/kultur/museen/Horex_Museum.php | **Anfahrt** von der A5 auf die A661, die Autobahn an der Ausfahrt 17 verlassen und nach etwa 300 Metern rechts in Richtung »Gewerbepark/Landratsamt« abbiegen, nächste Ampel links, nach 100 Metern rechts und über die Ampelkreuzung in die Else-Kröner-Straße, dieser folgen, bis sie zur Horexstraße wird | **Öffnungszeiten** Mi 10–14 Uhr, Sa, So 12–18 Uhr und an einzelnen Feiertagen | **Tipp** In jedem Jahr findet in unterschiedlichen Orten in Deutschland eine Horex-Sternfahrt statt. Ein Treffen zur Erinnerung, zum Austausch und zum Zeigen der alten Maschinen und deren Liebhabern.

10 Das Hutmuseum

Mit dem Original

Rund 300 Exponate präsentiert das Gotische Haus im Hutmuseum. Es ist keine riesige Ausstellung, sondern gerade mal ein großer Raum. Aber es sind äußerst interessante Hüte dabei. Wie zum Beispiel der original Homburg von Deutschlands erstem Bundeskanzler Konrad Adenauer. Er promotete den Hut, genauso wie viele andere Persönlichkeiten des öffentlichen Lebens. Der Homburg gehörte auf den Kopf, wenn es um offizielle und festliche Anlässe ging. Für die Damen wurde ein eigenes Modell kreiert.

Es ist offenbar die größte Hutsammlung in Europa. 2016 hat sich eine Kunsthistorikerin auf die Reise gemacht und andere Museen mit Hutsammlungen besucht. Die meisten hatten nur eine kleine Abteilung, die sich dem Thema Kopfbedeckung widmete, Bad Homburg hat ein Museum.

Das Gotische Haus verdankt diese Sammlung seinem früheren Direktor Otto F. Fuhrmann. Er kümmerte sich nach dem Krieg um die »Nachkriegs-Reste« des Museums und machte es vorerst zu einem Heimatmuseum. Doch alle anderen Heimatmuseen zeigten ähnliche Exponate, sodass er nach einem »Alleinstellungsmerkmal« suchte. Das lag quasi vor der Tür: In Bad Homburg wurden schon seit 1806 Hüte von der Firma Möckel hergestellt. Die hatte auch einst ein Exemplar des Homburgs für den englischen König angefertigt. Der Hut ging um die Welt, und jeder, der auf sich hielt, trug einen Homburg. So auch Konrad Adenauer und andere Persönlichkeiten, die vom Museumsleiter angeschrieben wurden. Das Ergebnis lässt sich durchaus sehen: Eine der größten deutschen Hutsammlungen ist zusammengekommen. Das Museum zeigt rund 4.000 Hüte – von der Biedermeier-Zeit bis heute, von der Kinderhaube bis zum aktuell modischen Modell, vom Trachtenhut bis zur kirchlichen Hauptbedeckung. Vor einigen Jahren kam Kopfputz aus Namibia hinzu. Er wird zusammen mit der Landestracht präsentiert. Eine Auswahl von Hüten, ein Frisiertisch und ein Spiegel stehen für die Besucher zum Ausprobieren bereit.

Adresse Hutmuseum im Gotischen Haus, Tannenwaldweg 102, Bad Homburg vor der Höhe, Tel. 06172/37618 | ÖPNV Bus 1, 11 bis Haltestelle Gotisches Haus, mit U-Bahn-Linie U2 bis Gonzenheim, S 5 bis Haltestelle Bahnhof Bad Homburg, von dort weiter mit Buslinie 1 und 11, siehe oben | Anfahrt über die A 661 Abfahrt Bad Homburg/Oberursel Nord, dann auf die B 456 Richtung Stadtmitte, weiter, bis es links nach Dornholzhausen abgeht, dann der Beschilderung Gotisches Haus folgen | Öffnungszeiten Di–Sa 14–17 Uhr, So und Feiertage 10–18 Uhr | Tipp Vom Gotischen Haus führt über die Tannenwaldallee ein schöner Weg zur Innenstadt. Oder hinterher in der Landgräflichen Gartenlandschaft direkt hinter dem Gotischen Haus spazieren gehen. Kaffeetrinken im Gotischen Haus wäre eine ebenso genussvolle Option.

11_Der Hutsalon

Handarbeit von Rosemanns

Ein Laden wie aus einem Bilderbuch, das von alten Zeiten erzählt, so ist der Hutsalon Rosemann, in dem seit mehr als 100 Jahren Hüte gefertigt werden. In der Auslage befinden sich Hinweise auf die Tradition der Hutmacher, alte Hutmodelle, aber auch neue Kreationen. Direkt neben dem Verkaufsraum liegt die Werkstatt. Hier sind Arbeitstische und Regale voller Kopf- beziehungsweise Hutformen zu bestaunen. Mit etwas Glück sind die Fensterläden geöffnet, und man kann einen Einblick bekommen, wie hier gearbeitet wird.

Den Hutsalon Rosemann gibt es schon sehr lange in Bad Homburg, ursprünglich kam die Familie jedoch aus Schlesien. Das bekannteste Modell der Familie Rosemann ist der »Homburger«. Der Homburger war Anfang des 20. Jahrhunderts der Renner unter den Kopfbedeckungen, was König Edward VII. und seinem Neffen Kaiser Wilhelm II. zu verdanken ist. Edward hatte das Modell bei seinem Neffen gesehen und verlangte ebenfalls einen modischen, weichen Filzhut mit aufgerollter Krempe. Der Hut wurde zu einem Verkaufsschlager. Für den Hutsalon Rosemann wurde auch das weibliche Pendant »Homburg für die Dame« zu einem Riesenerfolg. Seitdem gehen Hutträger hier ein und aus, geben ihre Wunschvorstellungen ab, lassen ändern oder sich von den eigenen Entwürfen der Hutmacher, oder besser Putzmacher, inspirieren. Es gibt einige echte Hingucker und ausgefallene Modelle: ob mit Schleier oder Netz, mit Federn oder in modischen Farben. Auf jeden Fall aber echte Handarbeit. Karen Diaz de Cozar hat den Laden 2000 von ihrer Meisterin Gisela Rosemann übernommen und setzt die Tradition im Homburger Hutsalon fort. Heute ist vor Pferderennen und anderen öffentlichen Hut-Veranstaltungen wie Hochzeiten oder Empfängen die Nachfrage besonders groß.

Putzmacher werden im Hutsalon Rosemann auch immer noch ausgebildet – ein Beruf, den heute kaum noch jemand kennt, der aber eine lange Tradition hat und hier weiterlebt.

Adresse Homburger Hutsalon (ehemals Hutsalon Rosemann), Rathausstraße 8, 61348 Bad Homburg vor der Höhe, Tel. 06172/24340 | **Anfahrt** Richtung Stadtmitte fahren, von der Fußgängerzone Louisenstraße und dann Schulberg kommend, liegt die Rathausstraße rechts; an der ersten Straßenecke (Burggasse) befindet sich der Hutsalon | **Öffnungszeiten** Di–Fr 10–13 und 15–18.30 Uhr, Sa 10–14.30 Uhr | **Tipp** Die Hutfabrik Möckel befand sich einst in der Dorotheenstraße 6, 61348 Bad Homburg. Es war eine erfolgreiche Manufaktur: sie hatten die erste Dampfmaschine der Stadt und wurden mit dem Homburg berühmt.

12 Der Kurpark

Diverse Absonderlichkeiten

Der Bad Homburger Kurpark gehört zu den bekanntesten, schönsten und abwechslungsreichsten Kurgärten Deutschlands. Bei genauerem Hinsehen fallen hier einige absonderliche Eigenheiten auf:

So zum Beispiel die Erdmännchen in der Nähe des Baches. Dicht neben dem riesigen Baum haben sie sich niedergelassen und vermehren sich unentwegt. Es sind jedoch keine Erdmännchen mit Fell, die sich flink fortbewegen, sondern vollkommen statische Holzfiguren, die als Auswüchse des Baumes entstanden sind. Ebenso außergewöhnlich, wenn auch von Menschenhand geschaffen, sind die Bänke am Tennisclub. Sie sind wesentlich höher, sodass Zuschauer eine bessere Sicht auf das Spielfeld und über die Netze haben. Wer einmal darauf gesessen hat, wird es merken: Die Beine baumeln – auch bei Erwachsenen. Und dann gibt es da noch die Säule neben dem Eingang zum Jubiläumspark. Sie wurde dem Kaiser von dankbaren Homburger Bürgern geschenkt. Die Säule sieht aus wie ein Phallus und ist oben abgerundet und mit Pusteln versehen. Von einigen Bad Homburgern wird sie deshalb auch scherzhaft die »Syphilis-Säule« genannt.

Eine russische Kapelle und zwei thailändische Tempel gibt es wohl in keinem anderen Kurpark. Vom ältesten Golfplatz Deutschlands mit gerade mal sechs Löchern und einer Spielbank ganz abgesehen. Quellen, Brunnen und Denkmäler gehören ja zur Regel und sind deshalb hier nicht erwähnenswert.

Zu guter Letzt ist der Park auch noch von Peter Joseph Lenné angelegt worden. Er gilt als einziger Landschaftspark, den dieser außerhalb seines Hauptwirkungskreises anlegte. Es gibt keinen anderen Gartengestalter, der so mit Preußen verbunden war wie Lenné. Bad Homburg gehört zu seinen späten Landschaftsplanungen und wird mit dem Park vom Potsdamer Charlottenhof verglichen. Er entwickelte hier ab 1854 unter anderem ein Netz von Spazierwegen sowie den Schwanenteich samt Wasserfall und schlängelndem Bachlauf.

Adresse Kurpark zwischen Kaiser-Friedrich-Promenade und Weinbergsweg, 61348 Bad Homburg vor der Höhe | **Anfahrt** von der A 5 Ausfahrt Bad Homburg Stadtmitte, an der zweiten Ampel rechts Marienbader Platz, dann vierte Straße links in die Kaiser-Friedrich-Promenade | **Tipp** Klein wie Hasen sind die Hasensteine: Einer befindet sich beim Tempel Thai-Sala, der zweite in der Nähe des Samariterbrunnens. An der ersten Stelle ließ ein Hase 1736 sein Leben, an der anderen stand damals der Jäger Landgraf Friedrich III. Jacob von Homburg-Hessen. Sein Schuss aus einer Distanz von 300 Schritt, das heißt knapp 250 Metern, war damals eine Meisterleistung. Es ist das älteste Denkmal Bad Homburgs.

13 Die Libanon-Zeder

Vor dem Schloss

Prächtig und imposant steht sie rechts vor dem Eingang des Bad Homburger Schlosses. Es ist das schönste, größte und dickste Exemplar in ganz Deutschland, das älteste dieser Art steht dagegen in Weinheim. Bei dem Baum handelt es sich um die hochherrschaftliche Libanon-Zeder. Nobel ist auch die Herkunft des Baumes: Adolphus, Duke of Cambridge und Vizekönig von Hannover, hatte sie zur Hochzeit seiner Schwester mit dem Landgrafen Friederich Joseph von Hessen im Jahr 1818 mitgebracht. 16 Pflänzchen waren es ursprünglich, doch nur zwei überlebten die ungewohnte Kälte im Taunus. Obwohl die Region mit einem relativ milden Klima gesegnet ist, kann die Mainebene nicht mit den Temperaturen des Libanons konkurrieren. Der Duke hatte die Pflanzen aus den königlichen Botanischen Gärten von Kew mitgebracht. Die Libanon-Zeder ist in Europa schon seit 1638 bekannt und verbreitet. Mit dem Libanon steht sie immer noch in engster Verbindung, denn bis heute zieren die Zedern Wappen und Flagge des Landes.

Ein auf den Angaben des Königlichen Hofgärtners Merle basierender Bericht überliefert, dass einst 16 Zedern in Töpfen aus Kew Gardens nach Homburg gekommen waren, die meisten im Englischen Garten gepflanzt wurden und erfroren. Zwei Zedern im Gustavsgarten gingen später ein. Die beiden letzten, vom damaligen Hofgärtner Hackel betreut, blieben bis 1822 im Gewächshaus, wurden später an ihren jetzigen Platz vor dem Königsflügel gesetzt und gedeihen seither prächtig. Die größere der beiden ist eine Cedrus libani, die andere gehört zur Gattung der Cedrus atlantica alba.

Aus der kleinen Cedrus libani ist ein wahres Prachtexemplar geworden. Mit einem Stammumfang von 6,40 Metern (in einer Höhe von 1,20 Metern), einer Ausladung von über 35 Metern und einer Höhe von 20 Metern eine eindrucksvolle Pflanze. Weit ausufernde Zweige beugen sich über die Rasenflächen, dicke Zapfen schmücken den Baum.

Adresse Libanon-Zeder vor dem Bad Homburger Schloss, Anfahrt über Herrngasse, 61348 Bad Homburg vor der Höhe, Tel. 06172/9262148, info@schloesser.hessen.de, www.schloesser-hessen.de | **ÖPNV** S 5 und U2 – Zielbahnhof Bad Homburg-Gonzenheim, dann mit Stadtbus, Zielhaltestelle Kurhaus | **Anfahrt** über die A 5 und A 661 Richtung Stadtmitte, dann zum Schloss, Parkmöglichkeiten in der Tiefgarage Schlossplatz | **Öffnungszeiten** Schlosspark ganzjährig frei zugänglich; die Innenräume können nur im Rahmen einer Führung besichtigt werden – stündlich während der Öffnungszeiten des Museumsshops (letzte Führung eine Stunde vor Schließung); Museumsshop: März–Okt. Mo–So 10–17 Uhr, Nov.–Feb. Di–So 10–16 Uhr | **Tipp** Im Bad Nauheimer Kurpark befinden sich ebenfalls einige prächtige Bäume, die immerhin über 150 Jahre alt sind und von dem Gartenarchitekten Franz Heinrich Siesmayer gepflanzt wurden. Er war auch der Schöpfer des Frankfurter Palmengartens.

14 Die Maus

Andenken an eine Kultfigur

Sie ist weder orange, noch klappert sie wie gewohnt mit den Augen. Auch bunt ist sie nicht, sondern bronzefarben und steht auf einem kleinen Sockel am Gotischen Haus. Aber auch sie hat eine besondere Bedeutung, denn sie ist der Treffpunkt der Kinder.

Bekannt wie ein bunter Hund ist die orangefarbene Maus, die gern im Kreis läuft und meist sonntags auf dem Bildschirm zu sehen ist. Diese hier ist weniger prominent, und doch handelt es sich um eine einzigartige Skulptur, denn sie wurde von der Erfinderin der Fernseh-Maus, Isolde Schmitt-Menzel, angefertigt – und das bereits im hohen Alter und lange nachdem sie sich die Figur und Bildergeschichten ausgedacht hatte. Vor mehr als 40 Jahren entwarf sie die ersten Geschichten von der Maus und wusste damals nicht, wie erfolgreich diese Figur einst werden würde. Erst hießen die Geschichten »Lach- und Sachgeschichten mit der Maus«, doch schon bald wurde daraus »Die Sendung mit der Maus«.

Isolde Schmitt-Menzel stammt gebürtig aus Eisenach, lebt jedoch schon lange in Bad Homburg, Texas und Südfrankreich. Sie studierte Freie Keramik sowie Buch- und Schriftgrafik in Halle, illustriert Bücher, malt und schafft Skulpturen. Das Gotische Haus in Bad Homburg widmete ihr eine eigene Ausstellung. Ihr Atelier hat die Künstlerin, die 2017 ihren 87. Geburtstag feiert, immer noch in Bad Homburg. Sie zeichnet weiterhin möglichst viel und gern. Bis heute wird sie immer wieder mit der Maus in Verbindung gebracht, obwohl sie nur gut drei Jahre lang die Mäusespots entwickelte. Der unvergleichliche Charakter jedoch wurde schon von ihr geprägt: Gewitzt, abenteuerlich, ideenreich und schlau ist die Maus. Das gefällt Kindern.

Die kleine Maus vor dem Gotischen Haus ist Startpunkt für Kinderführungen und -veranstaltungen rund um und durch das Museum. Dies ist die original Bad Homburger Maus: bronzefarben wie unzählige andere Skulpturen der Künstlerin.

Adresse Gotisches Haus, Tannenwaldweg 102, 61350 Bad Homburg vor der Höhe, Tel. 06172/37618 | **ÖPNV** mit Buslinie 1, 11 bis Haltestelle Gotisches Haus; mit U-Bahn-Linie U2 bis Gonzenheim; S 5 bis Haltestelle Bahnhof Bad Homburg Bahnhof, von dort weiter mit Buslinie 1 und 11, siehe oben) | **Anfahrt** mit dem Auto über die A 661 auf die B 456 Richtung Stadtmitte, nach circa 2,5 Kilometern an der Kreuzung links nach Dornholzhausen und Beschilderung Gotisches Haus folgen | **Öffnungszeiten** Museum: Di–Sa 14–17 Uhr, So 10–18 Uhr | **Tipp** In Bad Homburgs Fußgängerzone befindet sich der Laternenbrunnen. Hier sind Kinder mit Laternen dargestellt, und der Brunnen soll an diese besondere Zeit im Jahr, wenn die Kinder mit den Laternen durch den Ort ziehen, erinnern.

15 Das Pferdegrab

So läge hier mein Freund

Eine Joggerin läuft hier fast täglich, doch vom Pferdegrab hat sie noch nie etwas gehört. Dabei liegt es nur einige Schritte von ihrer Laufstrecke entfernt. Erst vor Kurzem wurde die Grabplatte freigelegt und wieder sichtbar gemacht. In der Bad Homburger Landgräflichen Gartenlandschaft, nicht weit vom Gotischen Haus entfernt, befindet sich eine Grabstätte, wie es in Deutschland nur wenige gibt. Hier wurde Magyar begraben. Magyar war nicht die geliebte Gattin des Landgrafen Friedrich V., sondern sein Lieblingspferd. Angeblich war es so treu, dass es seinem Herrn zuweilen bis ins Schloss folgte, nur von ihm geritten werden konnte und seine Vorderbeine beugte, um den Landgrafen leichter aufsitzen zu lassen.

Die Treue des Pferdes dankte der Landgraf mit der Grabstätte und einer Widmung in der Grabplatte: »Hier liegt das schönste Pferd begraben, das alle Tugenden vereint; könnt' man mit Tieren Freundschaft haben, so läge hier mein Freund.«

Die Inschrift hatte sich der Landgraf selber ausgedacht. Es scheint, als hätte er sich einsam unter Menschen gefühlt. Anders als seine Vorfahren war er weniger am gesellschaftlichen Leben, an Kriegen und Kämpfen interessiert, sondern vielmehr an den geisteswissenschaftlichen Entwicklungen seiner Zeit. Der Humanist Alexander von Sinclair erzog den jungen Prinzen. Doch der Landgraf erlebte stürmische Zeiten mit: die Aufklärung, die Französische Revolution, Napoleon und auch das Ende des Deutschen Kaiserreiches. Als kauzig und sehr gebildet wurde er von Zeitgenossen beschrieben, und er stotterte. Dafür spielte er umso besser Klavier und Schach. Obwohl er 15 Kinder hatte, kann die Liebe zu seiner Frau Karoline von Hessen-Darmstadt nicht sehr groß gewesen sein, denn er hielt sich häufig und lange woanders auf. Er suchte oft das Weite, auch in den Landgräflichen Gärten, zumeist in Richtung Großer Tannenwald.

Adresse Weg hinter dem Gotischen Haus, Tannenwaldallee 102, nach etwa 15 Metern weist rechts ein Holzschild zum Grab | **Anfahrt** über die A 661, Abfahrt Bad Homburg/Oberursel Nord, dann auf die B 456 Richtung Stadtmitte, nach circa 2,5 Kilometern an der Kreuzung links nach Dornholzhausen und dann der Beschilderung Gotisches Haus folgen | **Tipp** Der Schafhof ist das Gestüt der ehemaligen Dressurreiterin Ann Kathrin Linsenhoff. Einmal im Jahr wird es für Besucher im Rahmen des Schafhof-Festivals für UNICEF geöffnet. Es befindet sich an der Schwalbacher Straße in Kronberg.

16 Der Rabenstein

Felsgruppe mit Autogramm

Nur einige hundert Meter vom Jubiläumspark entfernt, stadtauswärts Richtung Friedrichsdorf, liegt die Höllsteinstraße. Hier verbirgt sich zwischen den Hausnummern 50 und 56 eine Felsgruppe, die aussieht, als würde sie den Hang hinabfallen. Umrahmt von Bäumen, mit Moos bewachsen, liegen die Felsen, unscheinbar und zurückhaltend. Früher stand hier die älteste Kirche Kirdorfs und etwas weiter oben eine alte Burg. Außerdem soll es dort bis zum 16. Jahrhundert ein Blutgericht und eine Richtstätte gegeben haben. Aus dieser Zeit stammt der Name Rabenstein. Heute liegt die Felsengruppe in einem Wohngebiet, oberhalb der Höllsteinstraße und darunter Wiesen. Eine Treppe führt von der Höllsteinstraße zum Rabenstein hinauf.

Unterhalb der Felsen befindet sich ein Kriegerdenkmal. Es ist mit Gittern vor Zerstörungen geschützt worden. Darin liegt die Figur eines aufgebahrten gefallenen Soldaten. Trotz der Absperrung ist er gut sichtbar. Friedlich, wenn auch uniformiert, ruht er da und gemahnt still an die Gefallenen des Ersten Weltkrieges. Lange Zeit hat die Stadt mit der Errichtung dieses Ehrenmals gehadert, bis es schließlich 1928 eingeweiht werden konnte. An der Kopfseite steht geschrieben: »Horch, es rauscht in den Eichen. Die Totenklage der Heimat. Brüder, in Trauer erstarkt, reicht Euch einig die Hand.«

Eine Besonderheit in der Felsgruppe ist ein Monogramm des Landgrafen Gustav: »GL« wurde in den größten der Steine eingraviert. Der Landgraf persönlich gab den Auftrag dazu, denn ihm gehörte hier damals (bis ins Jahr 1866) noch alles. Danach wurde aus dem Gustavstein ein Wilhelmstein – je nachdem, wer gerade das landgräfliche Regiment führte. Ein weitere Besonderheit der Felsengruppe ist die Verbindung zur Bad Homburger Pfarrkirche Sankt Johannes. Die Kirche wurde mit Steinen aus dem Rabenstein erbaut. Ihr Spitzname lautet »Taunusdom«, denn sie gehört zu den größten Kirchen des Vordertaunus.

Adresse Höllsteinstraße zwischen Hausnummer 50 und 56, 61359 Bad Homburg | **Anfahrt** von Bad Homburg Zentrum Richtung Friedrichsdorf fahren (die Höllsteinstraße folgt der Dietigheimer Straße) oder vom Kurpark kommend über Landgrafenstraße; der Rabenstein liegt stadtauswärts auf der rechten Seite | **Tipp** Am Hang des Hünerberges bei Oberursel befindet sich eine andere interessante Felsgruppe. Sie ragt aus dem Altkönig hervor und hat gestufte Felsen, die zum Teil tief abfallen und in der Vergangenheit als Schutz oder sogar zum Wohnen dienten.

17 Der Schmuckladen

Schillerndes Geschäft

Brillanten und Juwelen gibt es hier zwar nicht, dafür aber wunderbaren Modeschmuck und Accessoires. Im schlichten Laden ist es bunt, funkelt und strahlt, und augenblicklich befällt einen der Eindruck, niemals schöneren Schmuck gesehen zu haben. Lalice ist nur ein kleines Geschäft in der Bad Homburger Altstadt, doch es bringt vor allem Frauenaugen zum Leuchten: Dicke, dünne, lange, kurze bunte Ketten, Armbänder und Ohrringe oder auch mal eine riesige goldene Tasche, Tücher und anderes modisches Zubehör gibt es hier.

Hinter »Lalice« verbirgt sich der Vorname der Eigentümerin: Lali Ellis heißt sie. Aus Lali wurde Lalice, denn das fand sie klangvoller. Die Schmuckdesignerin lebt seit 2007 in Deutschland und hat Bad Homburg für sich entdeckt. Mode war immer ihr Traum, weshalb sie Modedesign an der Shankar Universität in Israel studierte. Aus Mode sind Accessoires geworden: Tücher, Schals, Taschen, Kissen gehören neben Armbändern, Ketten, Ringen und anderen Stücken zum Angebot. Zuerst verkaufte sie nur die eigenen Kreationen, inzwischen arbeitet sie jedoch mit rund 60 Designern aus der ganzen Welt zusammen – viele junge und innovative sind dabei, deren Werke es in Deutschland nur bei ihr gibt. Auch ihre eigene Kollektion ist oft einzigartig und handgefertigt. Viele Inspirationen und neue Designerstücke bringt sie von ihren Reisen mit nach Bad Homburg.

Das Flair der Kleinstadt, das Schloss, die Altstadt, die Menschen und die Lage mitten im grünen Taunus, dicht an Frankfurt gelegen, gefielen der israelischen Schmuckdesignerin, als sie sich mit ihren Schmuckkreationen hier niederließ. »Klein und bezaubernd« ist der Ort – genauso wie ihre beiden Läden. Lali Ellis hat sich ihren Traum verwirklicht - das ist zu sehen und zu spüren. Ihre Grundregeln lauten: »Mit Liebe zum Besonderen«, vor allem aber: »Jeder Tag ist ein Genuss.« Davon sollte jeder ein wenig mitnehmen …

Adresse Lalice, Schulberg 11 und Neue Mauerstraße 1a, 61348 Bad Homburg, Tel. 06172/1233353 und Tel. 06172/4528050, www.lalice.net | ÖPNV mit der S 5 aus Frankfurt bis Bahnhof Bad Homburg und zu Fuß Richtung Schloss, Zentrum, Kurpark und links hinter der Ritter-von-Marx-Brücke abbiegen | Anfahrt Richtung Stadtmitte Bad Homburg fahren, von der Fußgängerzone Louisenstraße zum Schulberg oder rechts in die Rathausstraße und bis zur Neuen Mauerstraße, an der Ecke liegt Lalice | Öffnungszeiten Schulberg-Filiale: Mo–Fr 10.30–18.30 Uhr, Sa 10.30–15 Uhr; Neue Mauerstraße: Mo–Sa 10–18.30 Uhr | Tipp Das Main-Taunus-Zentrum in Sulzbach wurde 1964 eröffnet. Damals war es das erste in sich abgeschlossene Einkaufszentrum Deutschlands nach amerikanischem Vorbild und das größte in Europa. Erstmalig wurden hier auf einer extra dafür geschaffenen Fläche in der Landschaft Läden und Kaufhäuser konzentriert vereint.

18_Der Schoko-Laden

Und sein Kurschatten

Der Bad Homburger Kurschatten ist eine Verführung der besonderen Art. Obwohl es sich dabei lediglich um eine kleine, diskrete Leckerei handelt, könnte es der Beginn einer großen Leidenschaft werden, genauso wie alle anderen Süßigkeiten im Schokoladengeschäft am Schulberg. Hier ist die Begeisterung seines Eigentümers zu spüren. Vor inzwischen mehr als zehn Jahren eröffnete Daniel Schwaabe »Chocolat Plus« in der Altstadt. Er wollte wenigstens einmal ausprobieren, wie es sich anfühlt, einen eigenen Laden zu haben, seine Ideen selbst umzusetzen und nicht mehr – wie bis dahin – Marketing für andere zu machen.

Auf wenigen Quadratmetern bietet Schwaabe nun Eigenkreationen, handgefertigte Pralinen und Schokoladenspezialitäten aus der ganzen Welt an. Den Kurschatten hat der Chef sich selbst ausgedacht; zu seinen Lieblingstrüffeln zählen die weißen mit Crème fraîche und Mandeln. Die genauen Ingredienzen werden im Laden erläutert, gleich den anderen Schokoladen-Produkten: wo sie herkommen, welche Zutaten sie enthalten und was das Besondere daran ist. Diese persönliche Beratung gehört sicherlich zum Erfolgsrezept. Aufmerksam, freundlich und fachkundig wird jede Kleinigkeit erklärt, lächelnd bedient. Schokoladen-Neuigkeiten und Inspirationen bringt der Experte jedes Jahr von der Süßwarenmesse in Paris mit.

Der Kurschatten ist nur ein kleiner, spitz zulaufender, in Kakao gewälzter Trüffel, der ein wenig an einen Vulkan oder Berg erinnert – das perfekte Mitbringsel und mittlerweile eruptiver Genuss-Renner von Chocolat Plus. Die Zutaten sind eigenkomponiert, der erfolgsfördernde Name war die Idee des Vaters. Nicht zuletzt damit konnte sich der Schokoladenladen durchsetzen. Aber auch die Bad Homburger »Zigarrenschachtel« mit verschiedenen runden Täfelchen wird gern mitgenommen. Auf der Fensterbank vor dem Lädchen wiederum lässt sich wunderbar eine Tasse Schokolade trinken und die Passanten beobachten.

Adresse Chocolat Plus, Schulberg 8, 61348 Bad Homburg vor der Höhe, Tel. 06172/9233 | **Anfahrt** Richtung Stadtmitte Bad Homburg und dann von der Fußgängerzone Louisenstraße und Schulberg kommend auf der rechten Seite; oder mit der S5 aus Frankfurt bis Bahnhof Bad Homburg und zu Fuß Richtung Schloss / Zentrum / Kurpark | **Öffnungszeiten** Di – Fr 10 – 18 Uhr, Sa 10.30 – 16 Uhr, in den Sommermonaten zeitweise geschlossen | **Tipp** In Bad Soden gibt es bei Chocoholic (Zum Quellenpark 25) ebenfalls diverse Schokoladenspezialitäten: von Pralinen bis zu Likören, Senf, Seife oder Nudeln. Und im Sommer eine Außenterrasse mit dänischem Softeis.

19 Die Stiftung

Für die Wissenschaft

Wissenschaftliche Erkenntnisse, Vorträge und Forschungen gehören heute zu den Hauptaktivitäten der Stiftung Villa Reimers. Das frühere Wohnhaus von Wilhelm Reimers bietet aber noch andere Möglichkeiten wie den wunderschönen Park mit Tempel, der für Publikum zu den normalen Bürozeiten und bei besonderen Führungen zugänglich ist. Schon Hölderlin soll dort gesessen haben, nachdem ihm als Hauslehrer der Familie Gontard in Frankfurt gekündigt worden war und sein Studienfreund Isaac Sinclair ihn nach Bad Homburg geholt hatte. Der Pavillon im Garten wurde nach ihm benannt; an der Innenwand befindet sich eine Zeile aus einem Gedicht für seine »Diotima«.

Hier bietet sich die Gelegenheit, einmal zu sehen und zu spüren, wie es sich in Bad Homburg sozusagen auf der Sonnenseite des Kurparks lebt. Das Gelände liegt auf einem Hang und bietet eindrucksvolle Aussichten in Richtung Mainebene und in den Taunus. Neben der ehemals privaten Villa Reimers' liegt der Neubau, in dem sich das Forschungskolleg Humanwissenschaften befindet. Um die Gebäude herum erstreckt sich der weitläufige Garten des Anwesens. Es kostet vielleicht zuerst etwas Überwindung, das Grundstück einfach zu betreten, doch es ist ausdrücklich erlaubt und erwünscht. Hinweise zu Veranstaltungen, die auch jeder besuchen kann, finden sich auf der Homepage.

Die Stiftung geht auf Wilhelm Reimers zurück. Er war ein sehr erfolgreicher Kaufmann, der schon als junger Mann davon träumte, eines Tages Mäzen der Wissenschaften zu werden. Zeitlebens beschäftigte ihn selbst die Frage nach dem Sinn des Lebens und nach Bedeutung und Wesen des Menschen in allen Facetten. Im Alter von 75 Jahren erfüllte er sich schließlich seinen Traum und gründete die Stiftung. Als er zwei Jahre später verstarb, fielen Wohnhaus und Garten an die Stiftung, die seither den Dialog mit den Wissenschaften sucht.

Adresse Werner Reimers Stiftung, Am Wingertsberg 4, 61348 Bad Homburg vor der Höhe, Tel. 06172/24058, info@reimers-stiftung.de, www.reimers-stiftung.de | **Anfahrt** A 5 Richtung Stadtmitte, zweite Ampel rechts (Marienbader Platz), vierte Straße links Kaiser-Friedrich-Promenade, rechts in die Kisseleffstraße bis zum Paul-Ehrlich-Weg, den Paul-Ehrlich-Weg kreuzen und den Wingertsberg hinauffahren | **Tipp** Unterhalb der Villa im Kurpark am See befindet sich ein Hölderlin-Denkmal. Und im Sinclair-Haus der Quandt-Stiftung in der Dorotheenstraße finden regelmäßig Ausstellungen, Lesungen und Diskussionsveranstaltungen statt.

20 Der Tempel

Dank des Königs

Weltweit soll Bad Homburg die einzige Stadt außerhalb Thailands sein, in der es gleich zwei Thai-Salas gibt. Es sind Geschenke der thailändischen Könige, die sich bis heute mit der Kurstadt verbunden fühlen. Der erste Tempel kam Anfang des 20. Jahrhunderts in Teile zerlegt auf dem Postweg nach Bad Homburg. Der Auf- und Zusammenbau musste von den Einheimischen geleistet werden; da dürften die wenigsten Erfahrung mit gehabt haben. Glücklicherweise ist es nur ein offener Pavillon mit Treppe und Dach, einigen Pfeilern, Strebungen, reichen Verzierungen und Geländer. Jeder kann die Tempel betreten und sich ein Bild davon machen, wie die Teile hier wohl ankamen und zusammengesetzt wurden.

Zum 100-jährigen Jubiläum des thailändischen Königsbesuchs erreichte 2007 ein zweiter Tempel den Kurort. Ein Geschenk der Regierung Thailands, das nun südöstlich des Kaiser-Wilhelm-Bades steht – dort, wo eigentlich der erste hätte stehen sollen, denn hier wurde einst die Quelle nach Chualongkorn benannt. »Thai-Sala an der Quelle« heißt er.

Der thailändische König Rama V. oder Chualongkorn besuchte 1907 den Kurort und bekam damals von der Stadt eine Quelle und das dazugehörige Einweihungsfest geschenkt. Die Quelle war gerade erst gefunden worden und wurde nach ihm benannt. Chualongkorn zeigte schon bald nach seiner Rückkehr in die Heimat seine Dankbarkeit. Ihm hatte zwar das für seine Verhältnisse kalte und raue Wetter überhaupt nicht gefallen, und auch vom Essen war er nicht begeistert, doch war er froh, wieder gesund zu sein. Er ließ in Bangkok ein tempelartiges, mit Blattgold versehenes Gebäude bauen und in Einzelteile zerlegt nach Bad Homburg transportieren. Die Überfahrt gelang nicht ganz unbeschadet, sodass der Tempel erst fünf Jahre später, ohne den inzwischen verstorbenen König, eingeweiht werden konnte – jedoch nicht an der kaiserlichen Quelle.

Adresse Thai Sala I. und Thai-Sala an der Quelle, 61348 Bad Homburg vor der Höhe, im Kurpark unterhalb Paul-Ehrlich-Weg, links von den Tennisplätzen | Anfahrt A 5 Ausfahrt Bad Homburg Stadtmitte, dann zweite Ampel rechts (Marienbader Platz), vierte Straße links Kaiser-Friedrich-Promenade, die Tempel stehen gut sichtbar im Kurpark | Tipp Jeden Sommer findet im Kurpark rund um die Tempel ein zweitägiges Thai-Festival statt.

21 Die Turnhalle

Gebete, Barren und Blickachsen

In der Dorotheenstraße, am Rande der Bad Homburger Altstadt, gibt es ein Gebäude, das sich von den anderen grundlegend unterscheidet. Über dem Eingang befindet sich ein großer Bogen, kleine Sprossenfenster durchbrechen das Mauerwerk. Darunter befindet sich eine schnörkel- und makellose Eingangstür, flankiert von Fenstern mit buntem Glas. Alles in einem dezenten Erd- und Grünton auf weißem Grund. Was sich dahinter verbirgt, ist nicht leicht zu erraten. Es könnte eine alte Markthalle sein – oder vielleicht auch eine Fabrikhalle? Dass es sich hierbei um eine Galerie handelt, die einst Kirche und später Turnhalle war, ist überraschend.

Zu verdanken haben die Bad Homburger den Bau den Hugenotten. Als diese in den Ort kamen, durften sie zunächst die Kapelle des Schlosses nutzen. Doch die hugenottische Gemeinde wuchs so schnell, dass die Kapelle bald aus allen Nähten platzte und sie ihr eigenes Gotteshaus bauen wollten. Auf dem bisherigen französisch-reformierten Friedhof errichteten sie die Jacobskirche. Ihr Kirchenbau unterschied sich deutlich von den bisherigen Gotteshäusern: Sie bauten nicht in die Höhe, sondern eher in die Breite, und es entstand ein Saalbau mit großen Rundbogenfenstern und einem Walmdach. Als die Gemeinde kleiner wurde, nutzte ihn die katholische Kirche übergangsweise bis zum Bau der Marienkirche. Dann stand die Halle leer, bis der Homburger Turnverein sie zur Turnhalle umbaute und sich fast 100 Jahre lang darin ertüchtigte.

Im Mai 2016 eröffnete schließlich die Galerie Scheffel hier ihre Ausstellungshalle. Vor allem große und schwere Skulpturen werden nun präsentiert. Zudem ist das alte Gebäude aufwendig und ansprechend restauriert worden. Christian Scheffel, der Eigentümer, hat eine weitere Galerie in Bad Homburg und ist der Gründer der Skulpturenbiennale »Blickachsen«, bei der seit 1997 Kunst im öffentlichen Raum gezeigt wird.

Adresse Jakobshalle, Dorotheenstraße 5, 61348 Bad Homburg vor der Höhe, www.galerie-scheffel.de | Anfahrt vom Hessenring in die Thomasstraße abbiegen (an der Ecke befindet sich eine Esso-Tankstelle) und dann links in die Dorotheenstraße | Öffnungszeiten Mi–Fr 14–19 Uhr, Sa 11–15 Uhr | Tipp Hinter der Turnhalle steht ein Denkmal für Turnvater Jahn (1778–1852), das möglicherweise zur neuen Turnhalle wandern wird. Er war 1849 zum Volksfest in Bad Homburg geladen und hielt eine Rede. Jahns deutschnationale Gesinnung und die Zusammenkünfte seiner Turnanhänger wurden zuweilen misstrauisch betrachtet (so vom damaligen Landgrafen Ferdinand).

22 Die Kathedralen

Tief durchatmen

Die Gradierbauten gehören zu Bad Nauheim wie der Eiffelturm oder Notre-Dame zu Paris. Der einst berühmte Kurort hat insgesamt fünf davon, es waren einmal 23. Diese salzigen Kathedralen, die sich auf einer Länge von insgesamt 650 Metern durch den Ort erstrecken, sorgen für gute Luft für die Kurgäste. Es gibt nur noch wenige davon in Deutschland, im Taunus gerade mal eine Handvoll.

Die »Lange Wand« am Ende des Kurparks beeindruckt besonders durch ihre Dimension. Eine andere Attraktion ist der Gradierbau I, denn das Bauwerk ist oben begehbar – und das wissen wiederum auch nur wenige Bad Nauheimer. Für sie gehören diese Bauten einfach zum Stadtbild.

Einst waren die Gradierbauten Bestandteil der Nauheimer Saline, die im 18. Jahrhundert zu den modernsten Salzfabriken Europas zählte. Da es heute nur noch wenige Gradierwerke gibt, ist nicht jedem Besucher klar, was sich dahinter eigentlich verbirgt. Es ist im herkömmlichen Sinne eine Anlage zur Salzgewinnung; »gradieren« bedeutet, einen Stoff zu konzentrieren. Der Salzgehalt im Wasser wird erhöht, indem die Sole durch das Reisig der Seitenwände geleitet wird. Dabei verdunstet Wasser, und dieser Nebel ist wiederum äußerst gut für die Bronchien. Alle Gradierbauten in Bad Nauheim sind frei zugänglich, sodass jeder in den Genuss der salzhaltigen Luft kommen kann. Besonders intensiv ist die Wirkung am Gradierbau I, wo die Sole mit Hilfe eines Kompressors vernebelt wird und dann in die Bronchien gelangt. In den meisten Fällen sorgt das für eine Verbesserung der Atmung. Angenehm ist es hier im Hochsommer, wenn die Berieselung für Erfrischung sorgt. Bei einem Spaziergang auf dem Bau bekommt man einen Überblick.

Auf der Wiese neben der Langen Wand soll früher einer der berühmtesten Bewohner des Ortes gekickt haben: Elvis Presley traf sich hier mit Freunden zum Fußball oder American Football.

Adresse Gradierbau I, Zanderstraße, Gradierbau V, Schwalheimer Straße (am Ende der Zanderstraße), 61231 Bad Nauheim | **Anfahrt** von der A 5 Abfahrt Bad Nauheim, dann Frankfurter Straße bis zum Eleonorenring, rechts abbiegen und dann in die Zanderstraße, rechts befindet sich der Gradierbau I, links am Ende der Straße der Gradierbau V | **Öffnungszeiten** Gradierbau I mit Inhalatorium und Gradierbau II im Gesundheitsgarten: April–Okt. täglich 10–18 Uhr, Gradierbau III, IV und V (»Lange Wand«) sind jederzeit zugänglich; geschlossen 1. Nov.–31. März | **Tipp** Unweit des Sprudelhofs ragt der Waitz'sche Turm aus dem Kurpark. Dieser sowie die Überreste der Mühle an der Langen Wand sorgten für die Energie der Pumpen des Gradierwerks.

23_Das Marsfeld

Blumiges Eisengebilde

Es kommt auf die Blickrichtung, das Wetter, die Jahreszeit, die Tageszeit und die eigene Sensibilität an. Je nachdem zeigt sich das Marsfeld im Bad Nauheimer Kurpark unterschiedlich. Im Frühling neben den Tulpen sehen die Stelen mit Kopf wie Blumen aus, im Winter tragen sie zuweilen bunt gestrickte Mützen oder gucken aus der Schneedecke heraus. Vom alten Kurhotel aus betrachtet sehen sie anders aus als vom Schweizer Milchhäuschen am Rande des Parks oder vom Sprudelhof.

Die Skulptur »Kleines Marsfeld« wurde für die Landesgartenschau 2010 gebaut. Zuerst ist nur eine Reihe von Stangen mit Kugeln darauf zu sehen, doch bei genauerem Hinsehen fügen sie sich in die Umgebung ein. So hat es sich der seit langer Zeit in Bad Nauheim ansässige Künstler Jox Reuss auch gedacht. Die Idee dahinter besteht darin, Gitter, Raster und Aneinanderreihungen als Charakteristika des 21. Jahrhunderts aufzugreifen. Die massenhafte Fertigung von Teilen wird in künstlerisch freie Formen einbezogen, geordnet und zu einem Gesamtbild zusammengefügt. Es sollte ein florales Gebilde entstehen, das sich in die Landschaft einfügt. Genau genommen sind es 64 Eisenkugeln und -rohre, die auf ein quadratisches Eisengitter gesteckt wurden. Die kleinste Kugel ist 62 Zentimeter hoch, die größte 1,56 Meter.

Jox Reuss, der eigentlich Hans Jürgen Reuss heißt, hat vor allem von seinem Onkel die Begeisterung für bildende Kunst geerbt. Schon in der Schulzeit weckte der schöngeistige Verwandte sein Interesse am Kreativen; später studierte Reuss Malerei, aber auch Bau und monumentale Malerei. Seit 1964 hat er sein Atelier in Bad Nauheim und beschäftigt sich in seinen Plastiken immer wieder mit Gittern und Rastern, die in neue Formen gefügt werden. Der Name ist durch die rostigen Kugeln entstanden, die Bezug nehmen auf den roten Planeten Mars. Die erste Assoziation des Künstlers war allerdings das Marsfeld am Eiffelturm in Paris.

Adresse Kleines Marsfeld am Kastanienrondell, Kurpark, 61231 Bad Nauheim | **ÖPNV** RB 40 bis Bahnhof Bad Nauheim und dann der Bahnhofsallee folgen, durch den Sprudelhof und in den Kurpark | **Anfahrt** von der A 5 Richtung Bad Nauheim, auf der B 3 bis zur Steinfurther Straße (rechts abbiegen) und dann auf der Frankfurter Straße weiter bis zur Rittershausstraße (wieder rechts abbiegen), dann von der Ludwigstraße aus in den Park; oder vom Sprudelhof/Milchhäuschen aus und dann rechts | **Tipp** Nicht weit entfernt stehen weitere Besonderheiten des Parks und Bad Nauheims – die Parkbänke mit den Markisen. Seit circa 25 Jahren gibt es die Bänke, um die Besucher des Kurparks vor Sonne und vor allem vor Blütenstaub und klebrigen Blütensäften zu schützen. Wo sonst findet man solche überdachten Bänke?

24 Die Stadtbücherei

Inhalte inhalieren

Die Bedeutung von Büchereien scheint in Zeiten von Internet und den unzähligen anderen elektronischen Medien ein wenig in die Jahre gekommen zu sein. Dennoch bleibt die Atmosphäre in städtischen Büchereien besonders. Es ist ruhig und nur leises Murmeln und Sprechen zu hören, die meisten Besucher stöbern still in den vorhandenen Beständen von Büchern, Zeitschriften, DVDs oder CDs oder sitzen in Lektüre vertieft an Tischen.

So auch in Bad Nauheim, jedoch in einem besonderen Ambiente. Es sind die Räume des früheren Inhalatoriums, gleich neben dem Gradierbau III im Kurpark. Das Fachwerkhaus mit seiner zurückhaltenden Architektur war jahrelang eines der bedeutendsten Gebäude des Kurortes. Heute ist nicht nur die Bücherei, sondern auch das Haus des Gastes hier untergebracht. So können Gäste und Einwohner gleichermaßen sich austauschen, Zeitungen und Zeitschriften lesen oder die anderen Medien durchforsten. Einige historische Sitzgelegenheiten befinden sich im Inneren. Im Sommer dürfen die im angrenzenden Park stehenden Liegestühle genutzt werden. Und zum Inhalieren im danebenliegenden Gradierbau I ist es auch nicht weit.

Der Stil des Gebäudes ist eine Mischung aus Historismus und Jugendstil und stammt von dem damals 27-jährigen Architekten Wilhelm Jost. Entscheidend bei der Planung war es, den zerstörerischen Einfluss des Solewassers zu berücksichtigen. Das machte er offenbar so gut, dass weitere Bauten wie der Sprudelhof und die Trinkkuranlage folgten. Innen und außen findet sich viel Holz: So sind zum Beispiel am Außengiebel die Balken auffällig – oder innen an den Wänden und unter den Decken die Holzverkleidungen. Aber auch reliefartige weiße Bilder sind erhalten sowie unglaublich dekorative bunte Jugendstilfenster. Die Gänge zwischen den Büchern werden von geschnitzten Säulen verziert, das Dach von einem Turm gekrönt, und auf dem Dachfirst thront eine Eule.

Adresse Stadtbücherei – Haus des Gastes Bad Nauheim, Zanderstraße 3, 61231 Bad Nauheim, Tel. 06032/31545, stadtbuecherei@bad-nauheim.de | **ÖPNV** RB 40 von Frankfurt bis Bahnhof Bad Nauheim und über die Bahnhofsallee, links in die Ludwigstraße und dann in die Zanderstraße | **Anfahrt** von der A 5 Abfahrt Bad Nauheim, dann Frankfurter Straße bis zum Eleonorenring, zweimal rechts abbiegen in die Zanderstraße | **Öffnungszeiten** Di 10–12 und 15–18 Uhr, Mi 10–18 Uhr, Do 10–12 und 15–19 Uhr, Fr 15–18 Uhr, Sa 10–12 Uhr | **Tipp** Auch die Stadtbücherei Bad Soden befindet sich seit 1997 im ehemaligen Badehaus im Kurpark und ist zu den Öffnungszeiten jederzeit zu »besichtigen«. Ebenso sind das Stadtarchiv, das Stadtmuseum und die Stadtgalerie hier eingezogen.

25_Die Tafeln

Walk of Fame

Genau genommen sind es gerade einmal fünf Eisenplatten, die vor der Touristeninformation in Bad Nauheim im Boden verankert wurden. Es sind Erinnerungstafeln an Elvis Presley, Caroline Link, Sisi, August Bebel und König Ibn Saud I. Caroline Link stammt aus dem Ort und lebte hier, bevor sie berühmt wurde; Elvis kam bereits als Weltstar für zwei Jahre in die Stadt (er leistete seinen Wehrdienst in Friedberg ab); Kaiserin Sisi war mehrfach zur Kur da, genauso der saudi-arabische König und August Bebel, Vorreiter der SPD.

Der Walk of Fame steht noch am Anfang und könnte bereits wesentlich länger sein, denn es weilten noch etliche andere Prominente am Rande des Taunus: Albert Einstein, Otto von Bismarck, Franklin D. Roosevelt, Zar Nikolaus II., Hans Albers, Erich Kästner, Karl May, Richard Strauss und viele weitere. Um 1900 hatte Bad Nauheim als Kurort Weltrang und Tausende von Gästen. Damals bedeutete Kur nicht nur Gesundung und Erholung, sondern auch Geselligkeit und sehen und gesehen werden.

Die Idee zum Walk of Fame kam von Ulrich Schlichthaerle, dem ehemaligen Geschäftsführer des Stadtmarketings von Bad Nauheim. Besuchern soll die Popularität Bad Nauheims verdeutlicht werden. Inzwischen gibt es eine Liste mit weiteren 120 Personen, die in Frage kommen würden, doch es hapert an der Umsetzung: Die Platten wurden von Privatpersonen finanziert, und es müssen immer wieder Geldgeber gefunden werden. Da es sich stets um Einzelstücke handelt, wurden die Porträts von Grafikern gestaltet und anschließend von der Kunstgießerei Buderus angefertigt. Das hat seinen Preis. Die Tafel für Elvis wurde gestohlen und 2016 erneuert und eingeweiht. Dafür mussten ein Künstler und eine andere Firma gefunden werden, da die alte Gießerei nicht mehr existiert. Vermutlich wird es noch ein wenig dauern, bis die Stadt an den Ursprungs-Walk-of-Fame anknüpfen kann. In Los Angeles gibt es bereits über 2.500 Sterne (in Berlin über 100).

Adresse neben dem Touristenbüro, In den Kolonnaden 1, 61231 Bad Nauheim | **ÖPNV** RB 40 bis Bahnhof Bad Nauheim und über die Bahnhofsallee, links in die Ludwigstraße und dem Straßenverlauf folgen | **Anfahrt** von der A 5 Richtung Bad Nauheim, dann Frankfurter Straße bis zur Bahnhofsallee und rechts abbiegen, am Ende links und der Ludwigstraße folgen, die zur Parkstraße wird, das Touristenbüro liegt rechts | **Tipp** Wer sich einen Eindruck vom Leben um die Jahrhundertwende machen will, kann im heutigen Hotel Dolce Schwarz-Weiß-Fotografien mit Szenen von damals sehen. Sie hängen in den Fluren des Hotels.

26 Die Versorgungswerke

Fortschrittliche Infrastruktur

Als sich Bad Nauheim Ende des 19. Jahrhunderts zu einem äußerst beliebten Kurort entwickelte, entstanden Kurhaus, Sprudelhof, Kuranlagen, Hotels und Villen rund um den Stadtkern. Um diese Gebäude versorgen zu können, wurden Einrichtungen wie Heizwerk, Elektrizitätswerk und Wäscherei benötigt. Dafür entstanden hinter dem Bahnhof drei bis heute erhaltene Jugendstilbauten. Wilhelm Jost war der Architekt, der eine für die damalige Zeit äußerst fortschrittliche technische Infrastruktur entwickelte. Ihm war es wichtig, dass den Kurgästen schon bei ihrer Ankunft am Bahnhof diese Innovation ins Auge fiel und sie den progressiven Charakter des Ortes erkannten. Ein außergewöhnliches Anliegen, nicht zuletzt weil der Jugendstil vorher eher als elitär galt und hier nun völlig neue Bereiche durchdrang und alle Menschen teilhaben ließ: Das Elektrizitätswerk ging 1906 in Betrieb und versorgte nicht nur das Kurhaus, sondern auch Wohnungen im Ort und in den umliegenden Gemeinden mit Strom.

Als überaus praktisch erwiesen sich die unterirdischen, engen und stickigen Gänge, die von den Versorgungswerken über den Bahnhof direkt zum Sprudelhof führten, um Strom und Dampf zu transportieren. Auch einige der großen Hotels haben oder hatten eigene Anschlüsse an den Fernheizkanal. Der Zugang erfolgte jeweils über eine Art »begehbare« Litfaßsäule in der Bahnhofsallee.

Der Verlauf der Rohre lässt sich an Wintertagen zuweilen erkennen, hier taut der Schnee zuerst. Die unterirdischen Gänge können seit Neuestem bei speziellen Führungen besichtigt werden.

Die Gebäude liegen an der Straße Am Goldstein und sind jederzeit von außen zu besichtigen. In der alten Wäscherei wurden Berge von Wäsche gereinigt, denn die Badehäuser benötigten pro Tag für bis zu 3.500 Wannen jeweils Badetuch, Handtuch, Bodentuch und Wannentuch. Später kam Hotelwäsche hinzu. Heute befindet sich eine Familienbildungsstätte darin.

Adresse Am Goldstein, 61231 Bad Nauheim | ÖPNV RB 40 bis Bahnhof Bad Nauheim und direkt vorm Bahnhofsgebäude links abbiegen, unter den Schienen durch und wieder links | Anfahrt von der A 5 Abfahrt Bad Nauheim, dann Frankfurter Straße bis zum Eleonorenring, links abbiegen (Unterführung) und am Kreisel zweite Ausfahrt Am Goldstein | Tipp An den Tagen der Industriekultur werden inzwischen einige interessante Werke der Vergangenheit gezeigt. So zum Beispiel in Oberursel eine über 100 Jahre alte Elektrotechnische Fabrik im Gattenhöferweg 33 oder das ehemalige Kraftwerk (Umspannwerk) im Zimmersmühlenweg 2. In dem Gebäude befindet sich heute ein Restaurant. Details der Industriekultur innen (wie eine original erhaltene Laufkatze) und außen noch sichtbar.

27_Das Versteck

Von Priscilla Presley

Als Priscilla ihren späteren Ehemann kennenlernte, war sie 14 Jahre alt und erst kurze Zeit in Deutschland. Dennoch verliebten sie sich, trafen sich heimlich, verbrachten ihre Freizeit miteinander und suchten sich gern unauffällige Plätze aus, denn Elvis war damals schon ein Weltstar. Einer dieser Orte war das Fantasia-Kino in Bad Nauheim. Hier konnten sie sich still und leise reinschleichen. Meist kamen sie, nachdem das Licht bereits ausgegangen war, durch einen Seiteneingang in den Kinosaal. Bevor das Licht nach der Kinovorstellung wieder anging, schlichen sie sich wieder davon. Dennoch waren es gemeinsame Stunden für die beiden und Zeit, in der sie allein sein konnten.

Bad Nauheims Kino Fantasia Filmtheater befindet sich in der Kurstraße 3. Es liegt in der Nähe vom Hotel Grunewald, in dem Elvis die erste Zeit lebte, heute findet man nicht weit entfernt die Elvis-Statue und den Elvis-Presley-Platz. In diesem Karree hat sich sein Bad Nauheimer Aufenthalt außerhalb des Soldatendienstes in Friedberg größtenteils abgespielt: in den umliegenden Straßen und Läden hat er Platten gekauft, Zigarillos und Kuchen. Die Geschichte über das Kino hat Priscilla bei ihrem letzten Aufenthalt in Bad Nauheim in einem Interview preisgegeben. Als 71-Jährige besuchte sie die Stadt noch einmal, auch das Einfamilienhaus in der Goethestraße, in dem das Paar lebte, deren heutige Eigentümer aber nichts mehr von der Vergangenheit wissen wollen.

Priscilla jedoch hat gute Erinnerungen an die Kinobesuche: Hier war sie mit dem King of Rock 'n' Roll ungestört, und sie konnten ein wenig wie ganz normale Paare sein. Das Kino wurde inzwischen renoviert und die Technik verbessert. Sie saß noch einmal in den roten Kinostühlen und hat fürs Fernsehen von der alten Zeit erzählt, als für sie und Elvis alles anfing, von der großen Liebe und ihrer Treue. Zumindest geheiratet hat sie nie wieder und ist bis heute immer noch Priscilla Ann Presley.

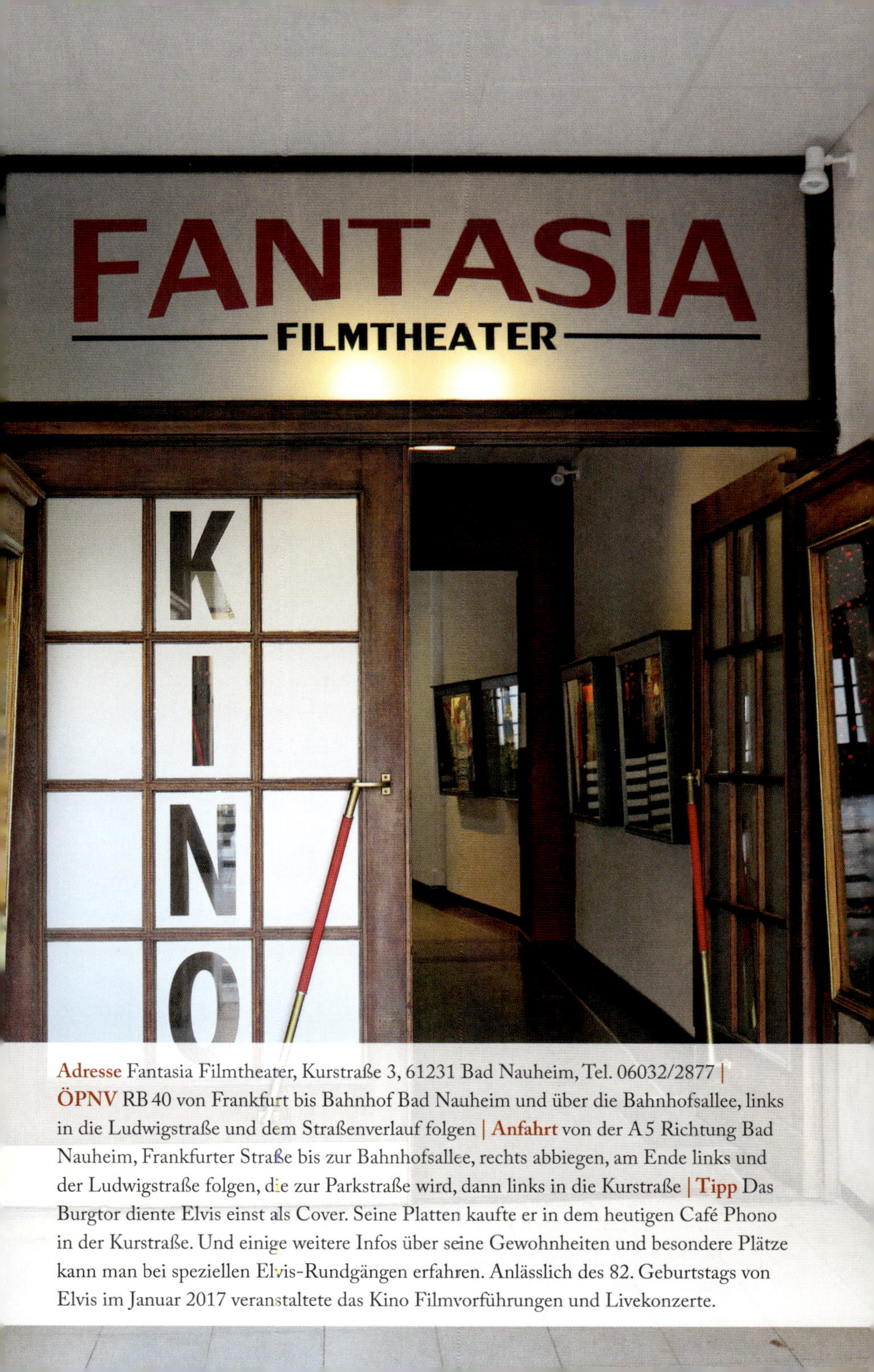

Adresse Fantasia Filmtheater, Kurstraße 3, 61231 Bad Nauheim, Tel. 06032/2877 | **ÖPNV** RB 40 von Frankfurt bis Bahnhof Bad Nauheim und über die Bahnhofsallee, links in die Ludwigstraße und dem Straßenverlauf folgen | **Anfahrt** von der A 5 Richtung Bad Nauheim, Frankfurter Straße bis zur Bahnhofsallee, rechts abbiegen, am Ende links und der Ludwigstraße folgen, die zur Parkstraße wird, dann links in die Kurstraße | **Tipp** Das Burgtor diente Elvis einst als Cover. Seine Platten kaufte er in dem heutigen Café Phono in der Kurstraße. Und einige weitere Infos über seine Gewohnheiten und besondere Plätze kann man bei speziellen Elvis-Rundgängen erfahren. Anlässlich des 82. Geburtstags von Elvis im Januar 2017 veranstaltete das Kino Filmvorführungen und Livekonzerte.

28 Die Wanne

Sisi im Bade

Wer den Sprudelhof in Bad Nauheim besichtigt, sollte auf jeden Fall einen Blick in die Badehäuser werfen. Im Badehaus 6 gibt es noch eine alte Holzbadewanne, die zu den Öffnungszeiten des heutigen Gyms für jedermann zugänglich ist. Wer weiß, ob darin vielleicht schon Kaiserin Sisi gebadet hat oder Otto von Bismarck, womöglich aber auch Einstein oder Erich Kästner? Sie alle waren Gäste in Bad Nauheim, als es zu den bedeutendsten Kurorten zählte.

Im Badehaus 3 gegenüber werden heute noch Bäder in den klassischen Wannen angeboten – mit Wasser, das durch Sole die Durchblutung fördert, entschlackt und das Immunsystem stärkt. Das ist schon lange bekannt und zog viele Berühmtheiten in die Stadt. Kaiserin Sisi residierte im Sommer 1898 in der Villa Kracht in der Burgallee 12 (die Villa gibt es nicht mehr, aber eine Gedenktafel). Sie hatte eine leichte Herzerweiterung, und ihr Wiener Arzt hatte ihr das renommierte und international bekannte »Herzbad« Nauheim empfohlen. Hier machte sie nicht nur Spaziergänge durch den Kurpark und den Johannisberg hinauf, sondern ihr waren auch Bäder verordnet worden. Es kann also durchaus sein, dass die junge Kaiserin von Zeit zu Zeit in der Holzbadewanne lag und sich erholte. Ihr Arzt im Ort war Professor Theodor Schott, dem sie aus Dankbarkeit eine Büste schenkte, die sich heute im Forsthaus Winterstein befindet. Er gab sich große Mühe, um Sisi wieder genesen zu lassen.

Zwei weitere Kaiserinnen, Auguste Viktoria und Anna Fiodorowna, kamen zur Kur, sodass Bad Nauheim lange Zeit Drei-Kaiserinnen-Bad genannt wurde. Für Sisi war dies einer ihrer letzten Aufenthaltsorte, bevor sie in Genf am 10. September 1898 das Opfer eines Attentats wurde. Heute gibt es Führungen, die auch die bekannten Kurgäste zum Thema haben und bei denen erklärt wird, warum sich Kaiserin Auguste Viktoria im Bad des Brunnenhofes so wohlfühlte oder wie Bismarck vor der Amputation seines Beines bewahrt wurde.

Adresse Sprudelhof, 61231 Bad Nauheim, die historischen Wannenbäder befinden sich im Badehaus 3, Tel. 06032/9259099, www.badehaus-sprudelhof.de | **ÖPNV** Regionalbahn 40 fährt von Frankfurt nach Bad Nauheim | **Anfahrt** von der A5 Abfahrt Bad Nauheim, dann Frankfurter Straße, rechts in Bahnhofsallee einbiegen, führt direkt zum Sprudelhof | **Öffnungszeiten** Mi–So 13–18 Uhr, Badehaus 6: Mo, Mi, Fr, Sa zwischen 10 und 13 Uhr und 15–21 Uhr | **Tipp** Ein weiterer bekannter Staatsmann, der in Bad Nauheim weilte, ist der frühere amerikanische Präsident Franklin D. Roosevelt. Er begleitete seine Eltern zu Kuraufenthalten und besuchte hier einige Wochen die Volksschule. Eine Erinnerungstafel hängt in der Friedrichstraße 3.

29 Das Filialsche

Eisenhaltige Kur

Eigentlich ist der Taunus wasserarm. Doch in Bad Schwalbach befindet sich eine der quellenreichsten Regionen Deutschlands. Bereits Ende des 16. Jahrhunderts entdeckte der Arzt und Apotheker Jacob Theodor die Heilkraft der Quellwasser und verhalf damit dem Ort zum wirtschaftlichen Aufschwung. Trinkkuren und Baden im Mineralwasser zogen Menschen an, die sich davon Heilung versprachen. Das Wasser wurde weltweit verschickt.

Bis heute sind zehn Brunnen erhalten, von denen fünf frei zugänglich sind. Einer davon ist der Stahlbrunnen oder auch das »Filialsche«. Er gehört zu den eisenhaltigsten Brunnen Deutschlands und ist zudem ein wunderbares Beispiel der 60er-Jahre-Architektur.

Wie viele andere Brunnen im Taunus hat auch der Stahlbrunnen eine lange Tradition, wenngleich diese fast 200 Jahre lang negativ behaftet war. Es war derselbe Jacobus Theodorus, der das Wasser des Ortes berühmt gemacht hatte, der beim Stahlbrunnen behauptete, das Wasser aus dieser Quelle führe zu Hautausschlägen. Augenblicklich machten die Kurgäste und Einheimischen einen großen Bogen um diese Stelle und nannten ihn fortan »Grindbrunnen«. Bis ein Arzt aus Wetzlar feststellte, dass das Wasser eisenhaltiger als andere Quellen war. Eisen wurde damals auch als Stahl bezeichnet; so wurde die Quelle zum Stahlbrunnen und augenblicklich wieder kostbar. Auch dieses Wasser wurde in die ganze Welt verschickt, und die Schwalbacher nutzten es kostenlos. Das ging so lange gut, bis die Kurgäste sich über die Schwalbacher beschwerten. 1882 wurde eine getrennte Trinkstelle für die Bürger der Stadt in einiger Entfernung durch eine unterirdische Leitung eingerichtet. »Filialsche« hieß die Zapfstelle im Volksmund. Das heutige Erscheinungsbild erhielt der Brunnen im Jahr 1953. Die Schieferplatte symbolisiert einen Felsen und die wellenförmigen Messingscheiben das Wasser, das aus dem Felsen kommt. Eine dünne, asymmetrisch geschnittene Betonscheibe dient als Dach.

Adresse Kurpark (rechts vom Kurhaus oder unterhalb/links von der Reitallee stadtauswärts) 65307 Bad Schwalbach | **Anfahrt** die B 54 von Taunusstein bis Abzweig B 275 Richtung Bad Schwalbach, bis es geradeaus nicht weitergeht, und dann rechts, links liegt gleich die Reitallee und unterhalb der Straße der Brunnen | **Öffnungszeiten** jederzeit frei zugänglich | **Tipp** Nicht weit entfernt (Goetheplatz 1, links vom Kurhaus) liegt ein weiteres architektonisch interessantes Gebäude: das alte Kurhotel Eden Parc. Es wurde von demselben Architekten entworfen, der auch den Weinbrunnen im Bauhausstil von 1932 entwarf.

30_Das Café Merci

Wie Gott in Frankreich

Es kann schon sein, dass man an diesem Café vorbeiläuft. Das Schaufenster ist nicht riesig, doch wer einen Blick hineingeworfen hat, den lässt es nicht wieder los. Das scheint das Paradies zu sein: Törtchen, sahnige Schnitten, fruchtige Tartes und bunte Eclairs. Essen wie Gott in Frankreich – und das im Taunus. Das Café Merci ist eine Art Offenbarung oder Verführung. Es fällt schwer, einfach nur vorbeizugehen oder nichts mitzunehmen. Dieser Versuchung sollten Genießer auch gar nicht erst widerstehen. Direkt rein und einkaufen oder sich an einem der Tische verwöhnen lassen. Auf jeden Fall aber die französischen Backkünste austesten. Hier wird direkt in der angrenzenden Backstube nach französischen Rezepten gebacken: Brot, Croissants, Torten, Tartelettes, Baisers oder Macarons. Für das Café und die drei anderen Filialen in Bad Homburg, Kronberg und Eschborn.

Die Eigentümerin Anja Klügling erfüllte sich mit dem Café in Bad Soden einen Traum und lebt seitdem hier ihre Liebe zu Frankreich aus. Zunächst tat sie dies mit echten französischen Bäckern, inzwischen kennen ihre Leute auch die Rezepte. Dafür kommen viele Zutaten direkt aus Frankreich, wo sie regelmäßig zum Einkaufen hinfährt. Es schmeckt authentisch und ein bisschen wie im Urlaub. Spezialitäten sind die Forêt Noire – eine französische Version unserer Schwarzwälder Kirschtorte –, Mandelcroissants oder Tartelettes mit Brombeeren, Johannisbeeren, Feigen oder Mangos.

Bad Soden ist die Keimzelle der französischen Backkunst, Kronberg und Eschborn folgten – nicht unbedingt aus eigenem Antrieb der Eigentümerin, sondern auf Anfrage der Gemeinden. Großkunden im Frankfurter Raum werden vom Café Merci beliefert oder Feste und Feiern arrangiert und mit Köstlichkeiten ausgestattet. Die Cafés bieten Frühstück, Quiches und ähnliche herzhafte Backwaren zum Mittag, Kuchen am Nachmittag, und am Abend werden zudem Besonderheiten kredenzt wie etwa Ragout fin.

Adresse Café Merci, Adlerstraße 3, 65812 Bad Soden am Taunus, Tel. 06196/23418, www.cafe-merci.de; in Eschborn: Kurt-Schumacher-Straße 12, 65760 Eschborn, eschborn@cafe-merci.de; in Kronberg: Berliner Platz 6, 61476 Kronberg, kronberg@cafe-merci.de; in Bad Homburg: Audenstraße 2–4, 61348 Bad Homburg vor der Höhe, info@cafe-merci.de | **ÖPNV** S 3 fährt von Frankfurt nach Bad Soden, vom Bahnhof sind es nur wenige Meter | **Anfahrt** von der A 66 Richtung Bad Soden, von der Königsteiner Straße geht links die Adlerstraße ab (Fußgängerzone), Parkplätze entlang der Königsteiner Straße | **Öffnungszeiten** Mo–So 7–19 Uhr | **Tipp** Das Café Christ in Kronberg ist eine traditionelle Bäckerei aus dem Taunus, deren Geschäft noch ein wenig an die guten alten Zeiten erinnert, zugleich aber auch köstliche Quiches, Kekse und andere Backwaren anbietet.

31 Der Champagnerbrunnen

Ein gesundes Getränk

Einmal in Champagner baden, das Prickeln spüren und schmecken, sich beleben lassen, das wäre unfassbar herrlich und zugleich äußerst kostspielig. Einmal aus einem Champagnerbrunnen trinken, dazu noch gratis, genauso erfrischend und wesentlich gesünder – das ist in Bad Soden möglich. Im Wilhelmspark, dem alten Kurpark, steht der einzigartige Champagnerbrunnen. Jeder hat freien Zutritt und die Möglichkeit, davon zu kosten. Jedoch läuft aus dem Hahn ein vollkommen anderes Getränk: Es schmeckt salzig und prickelt und sprudelt auch nicht. Denn es handelt sich um eine staatlich anerkannte Heilquelle, die Anfang des 19. Jahrhunderts beim Graben nach Braunkohle entdeckt wurde. Angeblich perlt das Heilwasser und bekam so den Namen. Jeder sollte das Wasser testen und versuchen, die Parallelen zu dem edlen Schaumwein herzustellen. Es dürfte nicht ganz einfach sein.

Das Wasser dieser Quelle wird schon lange für Trinkkuren und Inhalationen verwendet. Genau genommen handelt es sich um einen Natrium-Calcium-Chlorid-Hydrogencarbonat-Säuerling, der vor allem bei Erkrankungen des Magen-Darm-Traktes, zur Prophylaxe von Atemwegs- und Mundschleimhauterkrankungen und zur Anregung und Unterstützung anderer Funktionen hilfreich ist.

Obwohl Bad Soden seit Anfang 2000 kein Kurort mehr ist, sind die Spuren aus dieser Zeit noch überall präsent. In der Mitte des 19. Jahrhunderts war Soden bereits ein international anerkannter und beliebter Kurort; prominente Gästen aus ganz Europa reisten an. Otto von Bismarck kurte mehrfach mit seiner Frau hier, selbst der Kaiser kam zum Kuren. Felix Mendelssohn Bartholdy hinterließ Spuren, genauso wie Lew Tolstoi und andere. Mendelssohn Bartholdy vermachte der Nachwelt schwärmerische Briefe über seine Zeit im Taunus. Er liebte das Essen, die Gegend und den Luxus, die Zeit nur mit seiner Frau und den Kindern verbringen zu können. Wahrscheinlich tranken auch sie mehrfach aus dem Champagnerbrunnen.

Adresse Zum Quellenpark, 65812 Bad Soden am Taunus | Anfahrt von der A 66 Richtung Bad Soden, von der Königsteiner Straße geht die Straße Zum Quellenpark ab; oder vorher in die Alleestraße und dann rechts in die Straße Zum Quellenpark | Öffnungszeiten jederzeit zugänglich | Tipp Aus der Villa Mendelssohn in der Königsteiner Straße 89 ist die »Casa Mendelssohn« geworden, ein italienisches Restaurant.

32__Die Flaaschworscht

Delikatesse aus Neuenhain

Neuenhain war früher ein eigenständiges Dorf, nicht besonders bedeutend, aber immerhin lange Zeit Reichsdorf. Heute gehört Neuenhain zu Bad Soden, hat um die 7.000 Einwohner und darf sich seit einigen Jahren Hauptstadt nennen. Nicht etwa Hauptstadt im Taunus oder Rhein-Main-Gebiet, sondern Hauptstadt in Sachen kulinarische Genüsse: Neuenhain ist die Fleischwurst-Hauptstadt, und das Ortsschild Bad Soden mit diesem Zusatz steht an der Königsteiner Straße (ungefähr bei Nummer 170) auf der Höhe der Kreuzung mit der Hauptstraße Richtung Bad Soden.

Das Schild stammt nicht etwa von der Stadtverwaltung, sondern es wurde auf eigene Initiative der Metzgerei Best dort aufgestellt. Diese befindet sich nicht weit entfernt an der Hauptstraße und hat bereits zum wiederholten Male den Preis bei der Hessischen Fleischwurstmeisterschaft gewonnen. Im Jahr 2012 setzte sich der Fleischwurstring des Metzgermeisters Volker Best gegen 228 Konkurrenten aus Hessen durch. Nicht nur der Geschmack, auch die Farbe, der Geruch und das Aussehen überzeugten die Jury. Seitdem stehen die Kunden häufig Schlange in der Neuenhainer Hauptstraße. Alle wollen die preisgekrönte Wurst probieren. Nicht zuletzt weil Metzger Best den Preis bereits zum zweiten Mal erhielt. Die besondere Herstellung, ausgewählte Zutaten und eine geheime Würzmischung machen diese »Flaaschworscht« zum besonderen Genuss. Die Neuenhainer Fleischwurst wird gekocht, gekühlt und geduscht. Bis zu der Meisterschaft war die grobe Bratwurst der Renner der Metzgerei. Die Familie Best produziert und verkauft bereits seit 1966 in Neuenhain.

Die Fleischwurstmeisterschaft des Fleischverbandes Hessen sorgt dafür, dass die handwerklichen Fachgeschäfte im ganzen Bundesland sich für eine besonders hohe Qualität der beliebten Wurst einsetzen. Ursprünglich kommt die Brühwurst jedoch nicht aus Hessen, sondern aus Lyon. Daher stammt der Name Lyoner.

Adresse Metzgerei Best, Hauptstraße 22, 65812 Bad Soden am Taunus, Tel. 06196/24867 | **Anfahrt** A 66 Richtung Bad Soden und weiter bergauf (auf der Königsteiner Straße Richtung Königstein), an der Ecke Königsteiner Straße und Hauptstraße stehen die Schilder, in der Hauptstraße befindet sich die Metzgerei | **Öffnungszeiten** Mo–Fr 8–18 Uhr, Sa 8–13 Uhr | **Tipp** Im Hessenpark gibt es von Zeit zu Zeit auch Vorführungen, Infos und Exkursionen zum Thema. So zum Beispiel »Von der Sau zur Worscht« – Wurstherstellung bei der Hausschlachtung, »Allerlei Schweinerei« und andere.

33 Die Herberge

Wagners Gattinnendämmerung

Es gibt zwei Möglichkeiten, wo Richard Wagner nach seiner Verbannung die erste Nacht auf deutschem Boden verbrachte. Bad Soden war die erste Station, nachdem der Komponist aufgrund seiner politischen Ansichten des Landes verwiesen worden war. Wagners Besuch wurde von einem Begrüßungsständchen der Kurkapelle untermalt. Er dankte mit einer Rede, wobei er sein markantes dunkelgrünes Samtbarett auf dem Kopf trug. Es war die Nacht vom 12. auf den 13. August 1860, doch ob in Haus Nummer 28 oder 30, ist bis heute nicht eindeutig geklärt. Seine Frau Wilhelmine, genannt Minna, logierte bei der Sodener Familie Jung direkt neben der evangelischen Kirche. Als Wagners Ankunft feststand, waren alle Zimmer belegt, sodass er im Nachbarhaus einquartiert wurde. Entsprechend gibt es heute zwei Gedenktafeln, obgleich er nur einen Tag in dem Ort verbrachte.

Ein Jahr später besuchte Wagner erneut seine Minna. Es dürfte kein schöner Aufenthalt gewesen sein, denn er gab ihr kurz vor der anstehenden silbernen Hochzeit endgültig den Laufpass und verlangte die Scheidung. Danach ging es noch einige Zeit hin und her, sodass der musikalische Revolutionär und die Schauspielerin am Ende dann doch fast 30 Jahre verheiratet waren. »Höchst beschwerlich« fand er die Zeit in Bad Soden, was sicher mit den Ehestreitigkeiten zusammenhing. Seine Frau Minna dagegen mochte die Atmosphäre in dem Ort und kam wiederholt zur Kur hier. Nachdem sie ihrem berühmten Gatten ins Exil gefolgt war, litt sie nicht nur an Heimweh, sondern hatte auch chronische Herzbeschwerden. Ihr Arzt schickte sie zur Erholung nach Bad Soden, und sie zog gemeinsam mit einer Freundin in die Villa Saxonia.

Heute wohnt die Pfarrersfamilie in dem ehemaligen Gästehaus, im gelben Nachbarhaus befindet sich ein Friseurladen. Die Gedenktafeln sind nur wenige Meter voneinander entfernt; eine wurde 1902 angebracht, die andere erst in den 1970er Jahren.

Adresse Zum Quellenpark 28 und 30, Bad Soden am Taunus | **ÖPNV** die S 3 von Frankfurt nach Bad Soden, vom Bahnhof ist es nur ein kurzer Fußweg | **Anfahrt** A 66 Richtung Bad Soden, von der Königsteiner Straße geht die Straße Zum Quellenpark ab; oder vorher in die Alleestraße und dann rechts in die Straße Zum Quellenpark | **Tipp** Die Villa Tolstoi an der Königsteiner Straße 83: Als Leo Tolstoi im selben Jahr wie Wagner (Sommer 1860) in Soden eintraf, war er noch relativ unbekannt. Bad Soden taucht in einigen Szenen in seinem Roman »Anna Karenina« auf.

34 Das Inhalatorium

Die reinste Wonne

Es war einmal das größte Inhalatorium. Nicht nur im Taunus, Hessen und Deutschland, sondern womöglich in ganz Europa. Auf Kosten des Sodener Ärztevereins wurde das Gebäude im Jahr 1912 erbaut und fortan mit dem Slogan »eine Wonne für das Auge, eine Freude für den Verstand« beworben. Schon bald kamen Gäste von nah und fern. Was hier los gewesen sein muss, kann man sich heute kaum noch vorstellen: Bis zu 300 Patienten konnten gleichzeitig inhalieren, während für bis zu 100 weitere Personen Sitzplätze zum Ausruhen bereitstanden. Die fünf Badeärzte Otto Günzel, Max Isserlin, Arthur Prorok, August Haupt und Henry Hughes taten sich mit ihrer Leistung besonders hervor. Sie wollten von der Gemeinde unabhängig sein und finanzierten das Gebäude. Auch die jahrelangen Querelen wegen der geplanten Umbauarbeiten am bisherigen Kurhaus wollten sie beenden und waren sich einig, dass nur durch einen Neubau alle medizinischen Errungenschaften und Anforderungen eines modernen Inhalationsbetriebes berücksichtigt werden konnten.

Der Erfolg ließ nicht lange auf sich warten, und die Kurgäste kamen scharenweise. Doch schon während des Ersten Weltkrieges mussten die Ärzte hohe finanzielle Einbußen hinnehmen; der Zweite Weltkrieg führte zum endgültigen Ende. Nach dem Krieg durfte zwar bald wieder behandelt werden, doch es wurde nie wieder wie früher. Aus dem Park-, dann Burgberg-Inhalatorium wurde das Medico Palais, bis die Stadt Bad Soden den Kurbetrieb endgültig aufgab und es als Kurmittelhaus nutzte. Heute sind verschiedene Fachärzte mit ihren Praxen in dem Gebäude ansässig.

Einige architektonische Details blieben erhalten. So zum Beispiel der Lichthof mit Brunnen und Säulen oder die Frontseite des Hauses. Hier erinnern die Freitreppe, Statuen, Säulen, Reliefs und Wandmalereien an Thermen der Römer und Griechen. Die Drehtür am Eingang stammt aus den 1930er Jahren.

Adresse Medico Palais, Parkstraße 6, 65812 Bad Soden am Taunus | **Anfahrt** A 66 Richtung Bad Soden, von der Königsteiner Straße geht es im Ort rechts in die Kronberger Straße, links ab auf die Straße Am Thermalbad und links in die Waldstraße | **Öffnungszeiten** Das Gebäude ist von außen jederzeit frei zugänglich. Einen Blick in das Innere kann man zu den Praxis-Öffnungszeiten werfen. | **Tipp** Eine eigene Salzquelle hatte der Quellenhof (Zum Quellenpark 29). Das Wasser wurde in einen Anbau gepumpt und für Badekuren genutzt, es floss aber auch nach nebenan in die damalige Pastillenfabrik. Das Resultat waren Sodener Quellsalz und Sodener Mineralpastillen, die hier produziert wurden.

35_Die Kirche

Und das Versprechen

Am 1. September 1957 wurde die katholische Kirche Sankt Katharina in Bad Soden geweiht. Gleich im Eingangsbereich hat ihr Stifter einen Spruch anbringen lassen: »Möge diese Kirche den Suchenden helfen, Frieden zu finden«, steht dort. Selbigen hat in dieser Kirche Leo Maximilian Baginski gefunden. Mit seiner Frau Katharina ruht er jetzt in der Familiengruft des Gotteshauses. Dankbarkeit und sein Glauben haben ihm diesen Platz beschert. Im Konzentrationslager Buchenwald legte er das Gelübde ab, eine Kirche zu bauen, wenn er überleben würde. Er überlebte, zog im Jahr 1948 nach Bad Soden und löste sein Versprechen ein.

Hinter Max Baginski verbirgt sich ein Erfinder und unermüdlicher Unternehmer. Zu seinen Erfindungen zählen der Punktroller (ein Massagegerät) oder ein Universal-Flaschenverschluss. Berühmt wurde aber seine Spalt-Tablette. Er wollte eine Kopfschmerztablette entwickeln, die auch im Dunkeln zu finden ist. Der Spalt erwies sich als die günstigste Produktionsvariante, war gleichzeitig ein unverkennbares Merkmal und konnte selbst nachts durch Ertasten erkannt werden. Eine Sensation war geboren.

Baginski hatte zuvor lange Zeit in Berlin gelebt und zusammen mit dem Arzt und Immunologen Hans Much gearbeitet und fabriziert. Nach dem Zweiten Weltkrieg war nur eines der Unternehmen nicht enteignet worden, und das befand sich in Bad Soden, wo er seine unternehmerische Tätigkeit fortsetzen konnte. Er war bereits seit 1933 Pächter der Mineralbrunnenverwaltung, 1951 wurde die Prof. Dr. med. Much AG eingeweiht. Vier Jahre später erfüllte Baginski schließlich sein im Lager geleistetes Gelübde mit dem Bau der Kirche Sankt Katharina. Es wurde ein modernes, offenes helles Gebäude und steht gut sichtbar am Rand des Neuen Kurparks. Für ein neues Pfarrhaus und den Kindergarten übernahm er ebenfalls die Kosten, sodass diese heute seinen Namen tragen. Max Baginski wurde 72 Jahre und verstarb 1964 in der Schweiz.

Adresse Katholische Kirche Sankt Katharina, Salinenstraße 1, 65812 Bad Soden am Taunus, Tel. 06196/22370 | **ÖPNV** S 3 nach Bad Soden, gegenüber dem Bahnhof die Treppe hoch und in die Salinenstraße | **Anfahrt** A 66 Richtung Bad Soden, über die Königsteiner Straße bis zum Kreisel auf der Höhe des Bahnhofs, dann in die erste Straße rechts und bis zur Salinenstraße fahren, an der Ecke befindet sich die Kirche | **Tipp** Beachtenswerte Besonderheiten in der Kirche sind die fehlende »Männerbühne« (damit ist der Orgelboden gemeint, auf dem sich gern die Männer trafen), eine Ecke als Anbau für die Familiengruft (da eine Grabstätte innerhalb der Kirche verboten war) und eine Wand, die hinter dem Organisten errichtet wurde – angeblich, damit das aus der Hose rutschende Hemd nicht gesehen werden konnte.

36_Das Pfahlhaus

Kostbares Wasser

Es sind die Säulen am Hundertwasserhaus, die eine besondere Faszination ausüben. Wie Kegel oder Mensch-ärgere-Dich-nicht-Figuren sehen sie aus. Bunt, geschichtet, gerundet, überdimensional. Am liebsten möchte man sie berühren. Sie sind der Hingucker des Gebäudes, das schon für einigen Trubel in Bad Soden sorgte.

Unter dem gesamten Gebäude befinden sich noch Unmengen weiterer Säulen, genau genommen 250 Pfähle. Das Haus liegt am Rande des Quellenparks, und unter der Erde verlaufen die Heilquellen. Die sollten durch den Bau des Hauses nicht in ihrem Fluss gestört werden; so entschied sich der Bauherr für diese Bauweise. Die Pfähle gehen bis zu 19 Meter in die Erde. Grundsteinlegung war im Jahr 1990. Auch deshalb sollte der Besucher ein besonderes Augenmerk auf die bunten Außensäulen richten. Vielleicht sind sie als Fortsetzung oder Hinweis auf die unterirdischen Pfähle gedacht? Angefertigt wurden sie von der Werkstatt Ebinger-Schnaß aus Bad Ems, einer Firma, die alle Hundertwasserhäuser mit ihrer Keramik verschönert hat. Wasser ist im ganzen Gebäude ein wichtiges Thema: In Wellen ziehen sich Mosaikbänder um das Haus, Wasser durchfließt die Treppenaufgänge, und die Bäder in den Wohnungen sollen blauen Grotten ähneln (der Innenbereich des Hauses ist leider nicht zu besichtigen).

Eine weitere Besonderheit ist das erste Bad Sodener Kurhaus von 1722, das ebenfalls bei der Planung berücksichtigt und in das moderne Gebäude einbezogen wurde. Der Kontrast zwischen früher und heute ist deutlich. Dennoch passen die bunten Keramiken, die goldene Kuppel, die ungewöhnlichen Formen doch ein wenig in die Welt der Kurorte. Schon immer sorgten internationale Gäste für ein besonderes Flair und weltoffene Ideen: Bad Homburg hat indonesische Tempel und eine russische Kapelle im Kurpark, Bad Soden dafür ein Haus des weltbekannten Wiener Künstlers Friedensreich Hundertwasser.

Adresse Zum Quellenpark 31, 65812 Bad Soden am Taunus | ÖPNV die S 3 fährt von Frankfurt nach Bad Soden | Anfahrt von der A 66 Richtung Bad Soden, von der Königsteiner Straße geht die Straße Zum Quellenpark ab; oder vorher in die Alleestraße und dann rechts in die Straße Zum Quellenpark | Öffnungszeiten nur von außen zu besichtigen | Tipp Im Foyer des Ramada-Hotels in der Königsteiner Straße 88 befindet sich eine Sammlung von Meißner Porzellan – die weltweit größte mit dem Deko »Voller grüner Weinkranz« außerhalb Meißens! Der Eintritt ist frei.

37 Der Platz

Dr. Hughes Ruh

Ein idyllischer Platz oberhalb Bad Sodens, der ideale Ort zum Innehalten. Das dachte sich der Taunusklub auch, als er hier das Schild für Henry Hughes aufstellte. »Dr. Hughes Ruh«, steht darauf geschrieben, zum Gedenken an Henry Hughes. Er war ein außerordentlich beliebter und sehr couragierter Kurarzt, wie es heute noch seine Nachfolger und Mitglieder des Vereins beschreiben. Sie haben einen hübschen Platz ausgesucht, oberhalb seiner früheren Wirkungsstätte. Dr. Hughes Ruh liegt einige Meter über dem Medico Palais, das vor langer Zeit das größte Inhalatorium Europas war und in dem er arbeitete und das er selbst mitfinanziert hatte. Aber Dr. Hughes war auch ein emsiger Vertreter des Taunusklubs, den es bereits seit 1890 gibt. Der Verein setzt sich für die Erhaltung, Verschönerung und Errichtung besonderer Orte im Taunus ein. Dazu zählen Bänke zum Ausruhen, Schutzhütten oder Anpflanzungen genauso wie Wanderungen oder Feste. Der Bau des Turmes auf dem Burgberg wurde 1899 beschlossen, er sollte einem römischen Limes-Wachturm nachempfunden werden (Aussichtstürme waren äußerst beliebt).

Hughes selbst wurde 1908 Vorsitzender des Taunusklubs. Auf seine Anregung wurde der Bau eines Aussichtsturms auf dem Dachberg beschlossen. Der Erste Weltkrieg brachte die Tätigkeiten zum Erliegen. Mit dem letzten Geld des Clubs wurden Pakete an alle Mitglieder geschickt, die sich im Krieg befanden. Um 1920 begann der Verein wieder mit Vorträgen, und Hughes blieb weitere 18 Jahre Vorsitzender. Als Arzt hatte er sich währenddessen auf die Behandlung von Lungen-, Herz- und Unterleibsleiden spezialisiert, war am Bau des Burgberg-Inhalatoriums maßgeblich beteiligt und brachte neben seinen Arzt- und Taunusaktivitäten auch ein Buch mit Atemübungen und -gymnastik heraus.

Nun lädt »Dr. Hughes Ruh« zum Verweilen ein – mit Blick auf sein Werk und in Gedenken an sein Schaffen.

Adresse Burgberg, oberhalb des Medico Palais, Parkstraße 6, 65812 Bad Soden am Taunus | **Anfahrt** A 66 Richtung Bad Soden, von der Königsteiner Straße geht es im Ort rechts in die Kronberger Straße, links ab auf die Straße Am Thermalbad und links in die Waldstraße. Auf der rechten Seite liegt das Medico Palais. Dahinter geht es den Burgberg hoch. | **Tipp** Einen schönen Blick Richtung Feldberg und ein beliebtes Motiv vom Taunus bekommt man gratis in Seelenberg (bei Schmitten). Am besten an der Markierung »schwarzer Kreis« orientieren.

38 Die Schuhfabrik

Made in Germany

Die Zahl der deutschen Schuhhersteller ist nicht sehr groß und die Konkurrenz, vor allem auch aus Asien, unaufhaltsam. In Bad Soden jedoch gibt es noch ein Familienunternehmen, das bereits in der fünften Generation Schuhe produziert. Das mehrstöckige Unternehmensgebäude der Diamant Schuhfabrik wurde im Jahr 1958 fertiggestellt, und die zuvor in Frankfurt ansässige Firma zog in den Taunus. Otto Müller, der damals bereits in die Fußstapfen seines Vaters und Großvaters getreten war, gefiel die Mainmetropole nicht mehr: Zu teuer, zu laut und zu hektisch war es ihm da. Er sehnte sich nach einer schönen Umgebung und baute sich seine Fabrik in Bad Soden.

Der Erfolg des Unternehmens ist unter anderem auf eine Sommersandale zurückzuführen. In den 1960er Jahren brachte der damalige Betriebsleiter die Idee mit aus dem Urlaub. Modell 900 Rapallo hieß der Verkaufsschlager, der den Süden in die Heimat brachte und die Gunst der Damenwelt und das ganze Land eroberte. Einige Jahre später wurden Braut- und Abendschuhe ins Sortiment aufgenommen. Die Abendschuhe erhielten den Zusatz Diamant, und schon bald darauf erfolgte die endgültige Spezialisierung auf Tanzschuhe – Made in Germany. In den Tanzschuhen steckt immer noch Handarbeit und eigenes Design. Der heutige Besitzer Thomas Otto Müller, der in der fünften Generation das Unternehmen führt, hat in Mailand studiert. Seine Ideen und sein Können zeigen sich in verschiedenen Modellen; er will die Tradition der Schuhmanufaktur mit kessen Sohlen weiterführen. Diamant Tanzschuhe werden heute weltweit verkauft: in 37 Länder und 5 Kontinente – direkt aus Bad Soden.

2013 feierte das Unternehmen 140-jähriges Schuhmanufaktur-Bestehen: von Frankfurt in den Taunus und vom Gesundheitsschuh über Herren- und Damenschuhe schließlich zum Tanzschuh. Im Eingang des Gebäudes an der Königsteiner Straße hängen einige Informationen und Bilder dazu.

Adresse Diamant Schuhfabrik Otto Müller KG, Königsteiner Straße 20, 65812 Bad Soden am Taunus, www.diamant.net, info@diamant.net | **Anfahrt** Von der A 66 kommend Richtung Bad Soden liegt die Fabrik rechts an der Königsteiner Straße. | **Tipp** Zwei gute Schuhläden gibt es in Bad Homburg in der Louisenstraße und am Rathausplatz. Ein ausgefallener Schuhladen befindet sich am Aliceplatz 1, Ecke Kurstraße in Bad Nauheim. Extrem lässig!

39 Die Tanzschule

Schwof im Kurpark

Manchmal klopft das Glück an die Tür – oder zumindest ein Angebot, das man nicht gern ausschlägt. So war es bei der Tanzschule Pelzer, als der Bürgermeister vor der Tür stand und neue Räumlichkeiten anbot: direkt im Kurpark mit einer riesigen Fläche. Es ging um das Gebäude der ehemaligen Trinkhalle, erbaut in den 1950er Jahren. Hier stand lange Zeit zuvor die äußerst beliebte Kur- und Wandelhalle des Bad Sodener Kurbades und seit 1887 die hölzerne Sommerhalle. Der damalige Brunnenarzt Thilenius, dem zu Ehren ein Denkmal im Quellenpark steht, hatte sich dafür eingesetzt. 1955 wurde der heutige Bau eröffnet. Bis zur Auflösung der ehemaligen Kur GmbH wurde dort das Wasser der Quellen ausgeschenkt (heute befindet sich der Auslauf auf dem Franzenbader Platz). Dann stellte sich die Frage, was mit dem Gebäude passieren sollte. Es stand eine Weile leer und wäre wahrscheinlich abgerissen worden, wäre nicht die Tanzschule eingezogen. Der riesige Raum ohne Säulen erschien allen ideal.

Seit 15 Jahren wird hier nun getanzt und gefeiert, und die neuen Eigentümer haben einiges dafür investiert. Der ehemalige Kalksandsteinboden wurde durch Parkett ersetzt, denn die ersten Versuche auf diesem ungewöhnlichen Tanzuntergrund bescherten den Tänzern nicht viel Vergnügen, sondern vor allem weiße Hosenbeine. Außerdem wurde die Beleuchtung erneuert und die Räume mit neuen Möbeln ausgestattet. Die Leute, die das Gebäude von früher kannten, waren begeistert, erklärt die heutige Eigentümerin.

Die Tanzschule nutzt es nicht nur für ihre Kurse, sondern auch für besondere Veranstaltungen. Hochzeiten in dem Ambiente direkt am Kurpark sind äußerst beliebt, es gibt aber auch Bälle, Tanzpartys oder Cocktailabende. Von Weitem sind die Lichter dann durch den Quellenpark zu sehen. Drei Tanzräume gibt es; eine riesige Küche, die heute für Caterer ideal ist, war schon vorher drin. Und die breite Trasse führt direkt in den Park.

Adresse Tanzschule Pelzer, Zum Quellenpark 31, 65812 Bad Soden am Taunus, Tel. 06196/28043 | **Anfahrt** A 66 Richtung Bad Soden, von der Königsteiner Straße geht die Straße Zum Quellenpark ab; oder vorher in die Alleestraße und dann rechts in die Straße Zum Quellenpark | **Öffnungszeiten** Das Gebäude ist von außen jederzeit zu sehen und gewährt Einblicke. Ansonsten die Öffnungszeiten der Tanzschule erfragen. | **Tipp** Im Quellenpark 2 befindet sich eine Bar im KultKino. Wechselndes Kinoprogramm, Live-Auftritte, Veranstaltungsreihen, Konzerte und Kabarett werden hier angeboten.

40 Der Wasserturm

Schlupfwinkel mit Ausblick

Rund 170.000 Euro hat der Naturschutzbund NABU Bad Soden in die Renovierung des alten Wasserturms gesteckt. Nun ist er hübsch anzusehen, bietet der heimischen Vogelwelt und bedrohten Fledermäusen ein neues Zuhause und den Besuchern einen grandiosen Ausblick auf Frankfurt. Zudem bekommen sie einen Eindruck von der Arbeit des 1899 als »Bund für Vogelschutz« gegründeten Vereins und vom Engagement seiner Mitglieder. Normalerweise ist der Turm am ersten Sonntag im Monat von 11 bis 16 Uhr geöffnet. Dann wird der Vogel des Jahres vorgestellt oder an einem Modell demonstriert, wie das Wasserwerk einst funktioniert hat.

Ursprünglich diente der Wasserturm einem Blumenzüchter. Arthur Moll hatte den Turm 1911 erbauen lassen, um seine Nelken ausreichend mit Wasser versorgen zu können. Das Wasser kam eigentlich aus dem städtischen Pumpwerk, doch der Druck war zu gering, um die Blumen ausreichend zu berieseln. Mit Hilfe eines Stahlkessels im oberen Teil des Turmes konnte der Wasserdruck erhöht und dadurch nun die Blumen versorgt werden. 13 Jahre später übernahm der Frankfurter Friedrich Sinai die Gärtnerei. Bis in die 1960er Jahre wurde der Wasserturm zur Bewässerung genutzt, danach verfiel er allmählich.

1993 kaufte die Stadt den Turm und fand mit dem Naturschutzbund einen Partner, der bereit war, das Gebäude wieder instand zu setzen. 64 Stufen führen in die Turmstube, von der sich durch einige Fenster wunderbare Blicke öffnen: auf die Frankfurter Skyline, in Richtung Liederbach bis zum Odenwald und in die Taunushöhen. Wichtiger ist jedoch, dass hier nun Falken, Uhus, Fledermäuse und Kiebitze ein Zuhause gefunden haben. »Kiebitze treten nie allein auf«, erklärt sogleich einer der »Turmwächter«, ein erfahrenes Mitglied des Vereins. »Und so hat der Wasserturm früher funktioniert …«, beginnt er seine Erläuterungen. Spektakulärer bleibt allemal das Leuchtturmfeeling.

Adresse Wasserturm Bad Soden, Niederhofheimer Straße 43a, 65812 Bad Soden am Taunus, Tel. 06196/28968, www.bad-soden.de | **ÖPNV** S 3 oder Regionalbahn 13 bis zum Bahnhof in Bad Soden am Taunus, dann mit der Buslinie 812 bis zur Haltestelle Niederhofheimer Straße | **Anfahrt** B 8 Richtung Bad Soden, rechts in die Niederhofheimer Straße abbiegen | **Tipp** Auf dem Atzelberg (zwischen Eppenhain und Ruppertshain) bietet sich vom gleichnamigen Turm in circa 30 Metern Höhe eine tolle Sicht über den Taunus.

41 Die Haltebucht

Ein perfekter Blick

Kurz vor Philippstein und Braunfels gibt es eine Haltebucht, die als solche auf jeden Fall wahrgenommen werden sollte. An der L 341 aus Richtung Weilburg oder Weinbach kommend bietet sich von hier der beste Blick auf das märchenhafte Schloss Braunfels. Es liegt dort wie im Dornröschenschlaf und ein wenig so, als würde es schon sehr lange auf Besucher warten, um endlich geweckt zu werden. Ganz anders ist der Eindruck von der anderen Seite oder innerhalb des Ortes Braunfels. Hier thront es auf einem hohen Felsen über dem Taunus – jäh und unerwartet.

Dabei ist das Schloss weder verwunschen noch einsam, denn es wohnen sogar noch die Nachfahren des einstigen Fürsten zu Solms-Braunfels darin, die ihr schönes Zuhause auch der Öffentlichkeit zur Verfügung stellen. Es gibt den blauen und den rosa Salon, den Ritterraum, den Kanonenplatz und den Schlosshof zu sehen. Hier finden Führungen statt, es gibt ein Museum, ein Café, Veranstaltungen und Veranstaltungsräume. In der Sammlung des Schlossmuseums befinden sich Einrichtungsgegenstände, Kunstwerke und Waffen der Fürstenfamilie. Besondere Sammlerstücke und persönliche Utensilien der Familie wie Kleider, Uniformen oder Schmuck können eigenständig besichtigt werden.

Das Schloss ist alt und war ursprünglich eine Trutzburg, die sich fortwährend veränderte. Es kamen Ringmauern und Verteidigungstürme hinzu. Nach dem Dreißigjährigen Krieg und einem Brand, der enorme Schäden anrichtete, wurde das Schloss im 17. und 18. Jahrhundert als barocke Residenz wieder aufgebaut, erhielt immer mehr Türme und Erker und schließlich das heutige Erscheinungsbild. Drumherum befindet sich das alte Jagdrevier, in dem heute Damwild und Mufflons leben. 1704 ließ der Graf bereits diesen Tiergarten anlegen, genauso stammt das »Forsthaus Tiergarten« noch aus dieser Zeit. Hier gibt es zwar keine Elefanten, Giraffen oder Tiger, dafür aber eine wunderbare Landschaft und Wildtiere der Region.

Adresse Schloss Braunfels, Belzgasse 1, 35619 Braunfels | Anfahrt Über die L 341 aus Richtung Weilburg oder Weinbach kommend bietet sich kurz vor der Gabelung Richtung Philippstein und Braunfels (es gibt hier extra eine Haltebucht!) der beste Blick auf das Schloss. | Öffnungszeiten Schlossführungen Sa, So und Feiertage ab 11 Uhr (bis 16 Uhr). Fürstliches Familienmuseum (ohne Führung) täglich ab 8.30 Uhr bis zur Dämmerung (Eintritt durch Münzeinwurf!) | Tipp Eine weitere, kleinere, aber gut sichtbare trutzige Burg befindet sich zum Beispiel in Burgschwalbach im Rhein-Lahn-Kreis. In der Burg ist heute ein Burgrestaurant und Raum für Feiern. Oberhalb des Schlosses liegt ein Märchenwald.

42 Der Felsen

Mit der Basilika

Jeder, der die Autobahn zwischen Köln und Frankfurt einmal gefahren ist, kennt den Limburger Dom zumindest vom Sehen. Unweit des Domes in Richtung Runkel liegt eine Kirche auf einem schroffen Felsen direkt an der Lahn. Es ist die Kirche des heiligen Lubentius, und sie steht in Dietkirchen, einem winzigen Dorf, das inzwischen nach Limburg eingemeindet wurde. Es ist nichts los hier in »Dickerisch«, wie der Ort in der Mundart der Limburger heißt, und nur wenige Menschen sind unterwegs. Auf dem Friedhof geht eine ältere Dame ihrer Wege, direkt daneben befindet sich die Kirche. Das Gotteshaus, der Vorplatz und das Pfarrhaus sind sehenswert, noch mehr jedoch die Lage und die Aussicht von hier, denn Sankt Lubentius liegt in einer Höhe von über 120 Metern. Die Basilika gehörte im frühen Mittelalter zu den bedeutendsten Kirchenbauwerken der Region. Die ursprünglich romanische Kirche setzt sich aus verschiedenen Sakralbauten und Kapellen zusammen, die auf den Kalksteinfelsen gebaut wurden.

Die Lubentiusbasilika wurde an dieser Stelle errichtet, da unterhalb des Felsens vor langer Zeit der Leichnam des heiligen Lubentius auf einem Kahn angetrieben sein soll. Lubentius lebte um 300 und war als Seelsorger und Priester primär an der Mosel unterwegs. Dennoch soll es sein toter Körper gewesen sein, der damals im Kahn am Lahnufer lag, obwohl er wiederum niemals in dieser Gegend missioniert haben soll. Die Legenden sind geblieben, und Lubentius ist heute nicht nur der Namensgeber der Kirche, sondern auch der Heilige der Lahnschiffer, von denen kaum noch welche zu sehen sind. Kleine Boote liegen am Ufer; regelmäßig kommen auch noch die Ausflugsschiffe der Lahnschifffahrt vorbei.

Den besten Blick auf die Lahn eröffnet die ummauerte, parkähnliche Friedhofsanlage der Basilika. Von hier ist es durchaus vorstellbar, dass sich der mächtige Felsen einigen Booten in den Weg gestellt hat.

Adresse Katholische Kirche Sankt Lubentius, Herrenberg 1, 65553 Limburg an der Lahn | **Anfahrt** A3 Abfahrt Limburg auf die K 472 Richtung Dietkirchen, über die Limburger Straße, dann Brunnenstraße und Reckenfort, rechts in die Straße Herrenberg | **Tipp** Von Dietkirchen parallel zur Lahn Richtung Runkel fahren (Burgfriedenstraße, weiter über Steedener Weg und Steedener Straße): landschaftlich reizvoll!

43 Die Skulpturen

Achse der Formen

Links liegen Wiesen und Felder, rechts eine parkähnliche Fläche mit einer großen Rasenfläche, wenigen Bäumen und einigen Büschen – ideal, um Skulpturen zur Geltung zu bringen. Von Steinbach kommend ist es wie eine plötzliche Fata Morgana. Plötzlich steht da ganz unvermittelt ein Heer von Holzfiguren. Größer und mächtiger als Menschen, in gewissem Abstand voneinander. Am besten fährt man direkt die nächste Straße links hinein und sucht sich einen Parkplatz. Denn es gibt noch mehr interessante Erscheinungen in dem Park. Zum Beispiel die beiden Herren, die am Tisch sitzen. Oder eine abstrakte, löchrige Scheibe.

Mit diesen und inzwischen einer Reihe anderer Skulpturen soll Kunst aus dem Museum geholt und in die Öffentlichkeit gebracht werden. Dorthin, wo Menschen sind und wo sie gesehen werden. Das ist die ursprüngliche Idee der Skulpturenachse Eschborn. Initiiert von Bürgerinnen und Bürgern der Stadt, die sich Eschborn erwandert haben, um Punkte zu finden, an denen Kunst platziert werden kann. Die erste Skulptur wurde 1992 erstellt, direkt draußen vor Ort von Gisela Weber an der Verlängerung der Brüder-Grimm-Straße.

2010 entstand die Skulpturengruppe auf der Wiese am Westerbach an der Steinbacher Straße. »Das Versprechen« nennt der Künstler Stephan Gruber seine acht 2,40 Meter hohen Figuren. Sie sind aus 150 Jahre alten Eichenstämmen gesägt worden. Menschliche Formen sind entstanden, gruppiert und in Kommunikation miteinander. Es ist die zehnte Skulptur der Eschborner Achse, und sie steht auf dem favorisierten Gelände der Kunstförderer. Wie bereits die erste Skulptur wurde auch »Das Versprechen« mit einer Tanzperformance feierlich eingeweiht. Aber auch die anderen Plastiken und Figuren sind sehenswert: ein Kopf, der von der Welt und von Heimkehr erzählt, ein überdimensionaler Blumentopf, Adam und Eva oder Drei Säulen sind nur einige der in Eschborn verteilten Kunststücke.

Adresse Wiese am Westerbach an der Steinbacher Straße (zwischen den Straßen In den Weingärten und Schöne Aussicht), 65760 Eschborn, weitere Infos unter Tel. 06196/490334, kultur@eschborn.de, www.eschborn.de | **Anfahrt** von Steinbach kommend über die L 3367 (Steinbacher Straße) oder von der A 66/A 5 Ausfahrt Eschborn bis zur Hessenallee, dann rechts bis zur Hauptstraße, links und dann rechts abbiegen | **Tipp** Im Stadtmuseum Eschborn wird unter anderem die Schlacht bei Eschborn (von 1389) dokumentiert, aber auch die Galerie und Staffelei des Eschborner Malers Hanny Franke gezeigt, der primär die landschaftliche Umgebung malte.

44 Der Bergpark

Verlassener Turm

Selbst wenn der Neufville-Turm im Bergpark Villa Anna von der Touristeninformation des Taunus angepriesen wird, scheint das Interesse gering zu sein. Schon lange Zeit dürfte hier niemand mehr gewesen sein: Über den Treppen wächst Moos, Tische und Stühle stehen verwaist im Garten, und der Turm ist geschlossen. Ab und zu sind vereinzelte Spaziergänger unterwegs, doch der letzte Besuch auf dem Turm muss schon eine ganze Weile zurückliegen.

Vor mehr als 100 Jahren ließ die Familie Neufville den Park anlegen. Er sollte ein begehbares Landschaftsgemälde werden, mit vielen exotischen Bäumen. Der Frankfurter Kaufmann Alfred von Neufville errichtete sich hier seinen Sommersitz mit dem Bergpark. Den Besuchern sollten sich immer neue Blicke eröffnen, je nachdem, wo sie sich gerade befanden. Heute bieten sich Aussichten auf die Burg Eppstein und den kürzlich restaurierten Bahnhof unterhalb des Geländes. Aber ein Spaziergang durch den ganzen Park mit seinen Gebäuden und dem Teich und Taubenhaus ist einzigartig, denn er ist verwunschen, verschlungen, friedlich, verträumt und ein wenig verschlafen. In der dazugehörigen Villa Anna befindet sich die Jugendhilfe, doch deren Bewohner wissen wenig über den Park und die Gebäude. Auch nicht, dass die Villa nach der Ehefrau Neufvilles benannt wurde. Sie war die Tochter des ersten Frankfurter Oberbürgermeisters Mumm von Schwarzenstein.

Das Leben im Bergpark änderte sich mit dem Tod des Bruders und der Hausherrin einen Monat später. Alfred von Neufville kam noch einige Zeit mit seinen Töchtern, bis er 1900 selbst verstarb. Die Erben verkauften den Park, und rund 30.000 Quadratmeter inklusive Turm gingen an die Stadt Eppstein. Wege und Bäume verschwanden, doch die Villa Anna, das Schweizerhaus, das Kutscherhaus, der Turm und das Taubenhaus sind noch zu sehen. In Hessen ist es neben dem Kasseler Bergpark Wilhelmshöhe der einzige Bergpark.

Adresse Theodor-Fliedner-Weg 5, 65817 Eppstein (oberhalb des Bahnhofs) | ÖPNV S 2 Frankfurt–Niedernhausen bis Bahnhof Eppstein | Anfahrt A 3 bis Ausfahrt Niedernhausen/Wiesbaden, A 6 bis Ausfahrt Hattersheim und Bundesstraße B 455 von Wiesbaden nach Königstein, bis Eppstein und dann am Bahnhof parken | Tipp Auf der anderen Seite des Ortes, schräg gegenüber und nicht weit entfernt, liegt der Kaisertempel, der ebenfalls gute Ausblicke bietet.

45 Die Wirtschaftsgebäude

Luxushotel Grand Kempinski

Auf einem eleganten Anwesen aus dem frühen 20. Jahrhundert in Falkenstein befindet sich das Luxushotel Grand Kempinski. Mit Blick über Kronberg Richtung Frankfurt, mit einer Parkanlage und luxuriösen Suiten lässt es sich hier hervorragend aushalten. Doch was sich hinter dem Betrieb des Hotels verbirgt, sieht man, wenn man die Straße überquert. Denn die Wirtschaftsgebäude, die für das reibungslose Funktionieren des Hotels unverzichtbar sind, liegen ebenfalls am Debusweg.

Sie haben eine interessante und lange Geschichte – genauso wie das Luxushotel. Kaiser Wilhelm II. war maßgeblich an dem Bau beteiligt. Von 1907 bis 1909 wurde hier ein Erholungsheim für Offiziere errichtet. Später wurde daraus eine Klinik, bis sich schließlich das Kempinski in den Gebäuden niederließ. Nördlich des ehemaligen Offiziersheims entstanden die dazugehörigen Wirtschaftsgebäude. Sie haben denselben Baustil und gruppieren sich um einen Hof. Sie erinnern ein wenig an alte Landgüter, vor allem durch das Fachwerk am Giebel, das dem englischen Cottagestil nachempfunden war. Der gesamte Komplex besteht aus sieben Gebäuden: Das imposanteste beherbergte Offiziere und heute die Gäste, die anderen das Personal. Besonders ausgeklügelt war die unterirdische Verbindung: Ein 1,5 Kilometer langes Tunnelsystem verband alle Gebäude miteinander. Die Gänge gibt es immer noch, sie sind in gutem Zustand und verlaufen unter der Straße zwischen Hotel und Wirtschaftsgebäuden.

Der riesige Schornstein zeigt, dass es sich hier um ein industrielles Gebäude handelt. Er gehört zum Heizwerk der Anlage und ist am besten von oben zu sehen. Auffällig ist auch der markante Uhrturm. Mit der Übernahme durch die Hotelkette und dem Beginn der Umbauarbeiten wurde auch die dazugehörige Parkanlage nach den Originalplänen von Gartenarchitekt Heinrich Siesmayer wiederhergestellt. Der Eingang zum Park ist am Ende des Debusweges.

Adresse Debusweg 6–18, 61462 Königstein im Taunus | **Anfahrt** von Königstein kommend Richtung Falkenstein über die Falkensteiner Straße (L 3005), dann der Straße Alt Falkenstein folgen, bis rechts der Debusweg liegt | **Tipp** Der Bad Nauheimer Kurpark ist ebenfalls nach Plänen von Heinrich Siesmayer entstanden (hier befindet sich auch eine Büste von ihm). Er gehört zusammen mit dem Frankfurter Palmengarten zu den Parkanlagen, die den Landschaftsgärtner bekannt gemacht haben. Unzählige andere gehörten noch dazu (in seinen Erinnerungen schreibt er von rund 1.000!).

46 Der Staufen

Brüderlicher Schwur

Was empfiehlt ein Kelkheimer, der hier geboren wurde und aufgewachsen ist, den Taunus liebt und ihn bereits in allen Richtungen durchkreuzt hat? Den bewaldeten Gipfel des Mannsteins, den Weg dorthin, die Gedenktafel und die Aussicht.

Der Staufen ist ein 451 Meter hoher Berg zwischen Kelkheim, Fischbach und Eppstein. Es gibt verschiedene Wege, die alle mit schönen Ausblicken belohnt werden. Ein wenig östlich vom Gipfel befand sich einst ein Forsthaus, jetzt ist nur noch eine Art Pavillon oder offene Schutzhütte hier. Und eine Felsgruppe mit einer Besonderheit. Die Felsgruppe heißt Großer Mannstein und eröffnet Blicke zum Großen Feldberg, zum Hohen Taunus und auf Fischbach, das Liederbachtal und die Mainebene. Und sie hat eine bemerkenswerte Gedenktafel.

Hier fand vor vielen Jahren der sogenannte Staufenschwur statt. Es waren die drei Brüder von Gagern, die auf den Berg stiegen und sich dort die brüderliche Treue schworen. Zu der Familie, die in Hornau lebte und von der einige durch ihre politischen Karrieren zu Ruhm und Bekanntheit gekommen waren, gehörten die Söhne Max, Friedrich und Heinrich. Friedrich war zu Besuch in die Heimat gekommen und machte mit seinen Brüdern einen Spaziergang auf den Staufen. Auf dem Weg dorthin diskutierten sie wieder einmal die politische Situation und die Lage Deutschlands. Sie sprachen über ihre Zukunft und Vorstellungen und gaben sich schließlich auf dem Mannstein das Versprechen, immer brüderlich einig zu bleiben und, wenn es notwendig wäre, auch Friedrich, der damals als Oberst in den Diensten der Niederlande stand, in die Heimat und zur Familie zurückzuholen. Die Brüder waren Verfechter der deutschen Einheit und der Demokratisierung des Landes. Heinrich wurde im Jahr 1848 der erste Präsident eines frei gewählten deutschen Parlaments, der Frankfurter Nationalversammlung, Max war damals ebenfalls Mitglied.

Adresse Am Mannstein, 65779 Fischbach (Kelkheim) | **Anfahrt** von Hofheim oder Eppstein kommend über L 3016 und Kelkheimer Straße in die Egerländer Straße abbiegen, dann links Zum Gimbacher Hof und zweite rechts Am Mannstein, Am Mannstein hoch, rechts abbiegen und laufen, bis links ein relativ steiler Weg hochgeht, den bis zum Ende gehen und dann links dem großen Weg und der Beschilderung Chaiseweg folgen | **Tipp** Spazieren Sie auf den Spuren der Familie von Gagern über den Gagernring, den Gagernweg und die Rotlintallee, 65779 Kelkheim.

47 Der Brunnen

Beispielhaftes Exemplar

Freienfels liegt im Hintertaunus, ist winzig und gehört zur Gemeinde Weinbach. Bekannt ist der Ort in den letzten Jahren durch die Ritterspiele geworden. Die finden zwar zukünftig wahrscheinlich nicht mehr statt, doch das Spektakel hat lange Zeit eine Menge Besucher angezogen. Auf der Burg gibt es auch weiterhin Veranstaltungen, zudem hat man einen herrlichen Blick über die Umgebung: Der Weinbach fließt hier entlang, Wiesen, Felder und Wälder erstrecken sich, so weit das Auge reicht.

In Freienfels gibt es aber eine weitere Besonderheit, die bisher nur wenig Beachtung gefunden hat. Hier steht ein gusseiserner Brunnen auf einem kleinen Platz am Anfang der Burgstraße. Dieser Brunnen ist ein Beispiel für eine Eigentümlichkeit des Taunus: Üblicherweise entstehen Dörfer immer dort, wo Wasser in der Nähe ist. Zum Auffangen des Wassers und zur Versorgung der Bevölkerung wurden früher Dorfbrunnen genutzt, die zumeist im Zentrum errichtet wurden. Da der Taunusschiefer jedoch kein gutes Material darstellte und im Taunus keine anderen geeigneten Natursteine zur Verfügung standen, bekamen in dieser Region fast alle Orte ab Mitte des 18. Jahrhunderts gusseiserne Brunnen. Viele wurden von der Gießerei Buderus in Audenschmiede und in der Michelbacher Hütte angefertigt.

Durch unsere heutige Wasserversorgung ist die Bedeutung von Brunnen zwar hinfällig, doch im Taunus sind die hübsch verzierten Wasserreservoire ein schmückendes Überbleibsel und typisch für die Region. Häufig sind es breite, kübelartige Becken, die unter den Hähnen das Wasser fangen. Der Freienfelser Brunnen ist grün und wird von Löwenköpfen geziert. Auch andere Brunnen der Umgebung wurden restauriert und zum Teil umfunktioniert. Eine hübsche Bepflanzung ist zum Beispiel in Niederlauken (Ratsgasse) zu sehen. In Nenderoth (Ecke Schulgasse und Johannisberger Weg) und Laimbach sind zwei besonders große Exemplare zu bewundern.

Adresse Burgstraße in Freienfels, 35796 Weinbach | **Anfahrt** L 302 aus Richtung Weinbach kommend, links abbiegen und ins Dorf hochfahren, dort befindet sich ein großer, unübersehbarer Parkplatz, von dort Richtung Burg liegt der Brunnen links am Anfang der Burgstraße | **Tipp** Mehrere der gusseisernen Brunnen wurden im Hessenpark wieder aufgebaut und sind dort zu sehen.

48 Der Grabstein

Woher kommt das Kunstwerk?

Es ist ein eher bescheidener Stein, unauffällig, zurückhaltend liegt er auf dem Familiengrab. Doch der Grabstein auf dem Friedrichsdorfer Friedhof ist ein Kunstwerk. Kein Geringerer als der Bildhauer Gerhard Marcks, der Anfang des 20. Jahrhunderts zu den bedeutendsten Künstlern dieses Genres zählte, hat den Stein gestaltet. Er selbst stammte aus Berlin und hat auch nie in Friedrichsdorf gelebt. Vermutlich war er aber zu Besuch in Friedrichsdorf, denn sein einstiger Schüler Johannes Driesch und dessen Ehefrau Lydia Foucar lebten hier.

Lydia Foucar war die künstlerisch äußerst talentierte Tochter eines Friedrichsdorfer Kaufmanns und Bürgermeisters. Ihre Eltern schickten sie nach München und ans Bauhaus in Weimar, wo sie den Künstler Johannes Driesch kennen und lieben lernte. Und ebendort unterrichtete damals auch Gerhard Marcks die Töpferklasse. Er hinterließ seinem Schüler den Grabstein.

Lydia Foucar und Johannes Driesch heirateten bald nach ihrem Aufenthalt am gerade gegründeten Bauhaus im Jahr 1921, sie bekamen vier Kinder und zogen schließlich in das elterliche Haus in der Hugenottenstraße 66. Lydia, die ihre finanzielle Unabhängigkeit mit Porzellanmalerei bei Rosenthal bewiesen hatte, widmete sich in der Heimat primär den Kindern und ihrem Mann. Der versuchte sich in Frankfurt als Künstler zu etablieren. Das Glück der beiden währte nur kurz, denn schon im Alter von 35 Jahren wurde Lydia Foucar-Driesch Witwe und musste nun allein die Familie durchbringen. Dabei halfen ihr ihre künstlerischen Fähigkeiten und die Unterstützung von Freunden und Bekannten. Der Schriftsteller Hermann Hesse schlug ihr vor, kunstvoll verzierte Lebkuchen anzufertigen. Damit hatte sie Erfolg, bis der Krieg ausbrach. Anschließend übernahm sie den Kolonialwarenladen der Eltern und arbeitete künstlerisch nur noch für ihre Familie: Kinderbücher, Wandteppiche und Illustrationen schenkte sie ihnen.

Adresse Friedhof Friedrichsdorf, Taunusstraße 30, 61381 Friedrichsdorf (der Grabstein befindet sich nach dem Eingang direkt rechts in der ersten Reihe); Wohnhaus der Familie: Hugenottenstraße 66, 61381 Friedrichsdorf | **ÖPNV** S 5 ab Frankfurt nach Friedrichsdorf | **Anfahrt** von der A 5 Richtung Friedrichsdorf und dann auf der L 3057 (Köpperner Straße) weiter bis in den Ort, die Taunusstraße liegt auf der rechten Seite | **Tipp** Auf dem Friedhof befinden sich auch die Gräber des Erfinders Philipp Reis, des Gründers der Knabenschule Louis Frédéric Garnier und der Gründerin des Mädcheninstituts Freiin von Puttkamer.

49 Das Häuschen

Von einer reichen Frau

Das Haus steht unter Denkmalschutz und wird seit 2016 komplett saniert. Es ist nur ein klitzekleines Häuschen gleich hinter der ehemaligen Hugenottenkirche, umgeben von einem Blumengarten und einem Zaun. Hier lebte vor bald 200 Jahren das Schusterehepaar Hensel mit seiner kleinen Tochter Marie. Dass dieses im Jahr 1833 geborene Mädchen einmal eine der reichsten Europäerinnen werden würde, hätten sich seine Eltern vermutlich nie träumen lassen.

Doch Marie machte das Märchen wahr und stieg von der Dienstmagd zur Grande Dame des Spielens auf. Ihr Arbeitgeber war der wesentlich ältere Spielbankpächter François Blanc aus Bad Homburg. Die beiden verliebten sich, heirateten und wurden sehr reich. Gemeinsam entdeckten sie an der Côte d'Azur einen kleinen Ort, in dem sie ihre eigene Spielbank eröffneten. Der Ort war das damals heruntergekommene Piratennest Monaco, und die Spielbank ist bis heute vermutlich die berühmteste der Welt, in der die Schönen, Reichen, Spiel- und Vergnügungssüchtigen ihr Vermögen mehren oder mindern. François Blanc erhielt eine 50-jährige Konzession, Marie Blanc wurde zur »Lady Monte Carlo«. Nach dem Tod ihres Mannes übernahm sie die Geschäfte, vor allem aber auch seine Position als Generaldirektor. Als Frau in dieser Position und dazu in einem fremden Land, das war die absolute Ausnahme, wenn nicht einzigartig. Sie liebte den Reichtum, errichtete sich Schlösser und prachtvolle Häuser, soll jedoch zeitlebens auch ihren Eltern, der Familie und ihrem Heimatort Friedrichsdorf in finanzieller Hinsicht treu geblieben sein. Ihr Reichtum und unbeschwertes Leben währten nicht sehr lange, denn schon vier Jahre nach ihrem Mann verstarb sie im Alter von nur 48 Jahren.

In Friedrichsdorf steht das Elternhaus, und eine Straße wurde nach ihr benannt. In Bad Homburgs Kurpark stehen die Büsten von Marie und François Blanc auf beiden Seiten des Eingangs zur Spielbank.

Adresse Taunusstraße 4, 61381 Friedrichsdorf | ÖPNV die S 5 fährt aus Frankfurt nach Friedrichsdorf | Anfahrt A 5 Richtung Friedrichsdorf und dann auf der L 3057 (Köpperner Straße) weiter bis in den Ort, die Taunusstraße liegt auf der rechten Seite; von Bad Homburg über die Friedberger Straße nach Friedrichsdorf, dann liegt die Taunusstraße links | Tipp Mathilde von Rothschild (1832–1924) war ebenfalls eine berühmte, wohlhabende und großzügige Frau, die im Taunus lebte. Die ehemalige Villa Rothschild steht in Königstein. Als Mäzenin förderte sie Kunst und Forschung, engagierte sich für wohltätige Zwecke und ihre Stiftung für alleinstehende Frauen aller Konfessionen.

50_Der Kleiderschrank

Von großer Vaterliebe

Wo ist nur dieser Kleiderschrank? Er ist gar nicht so leicht zu finden im Wald bei Friedrichsdorf. Dabei gibt es nicht so viele Wege, doch im Wald kommt es dann doch darauf an, den richtigen Abzweig zu nehmen. So wie es auch die Landsknechte schafften, die ihn eigentlich nicht finden sollten. Der Kleiderschrank, der eigentlich gar keiner ist, befindet sich am Nordhang des Gaulskopfes in einer Felsgruppe, die den Namen »Säunickels Kleiderschrank« trägt. Aber selbst die Friedrichsdorfer und die vereinzelten anderen Spaziergänger, auf die man trifft, kennen den Weg nicht genau und waren auch noch nicht da.

Die Felsgruppe hat den seltsamen Namen durch eine traurige Geschichte erhalten, die sich während des Dreißigjährigen Krieges in den Jahren zwischen 1618 und 1648 zugetragen haben soll. Es ist die Geschichte vom Schweinehirten Nickel, der Säunickel genannt wurde. Der Schweinehirte hatte Angst um seine schöne Tochter Ännchen, weil sich plündernde und Unfug treibende Landsknechte in der Gegend herumtrieben. Er wollte seine Tochter vor den Männern schützen und suchte ein Versteck im nahe gelegenen Wald. In der Felsgruppe fand er eine Höhle, und dorthin brachte er die Tochter und versorgte sie regelmäßig mit Essen und Kleidung. Dennoch fanden die bösen Männer die Tochter und nahmen sie mit sich fort. Der arme Schweinehirte Säunickel soll darüber vor Trauer gestorben sein. Angeblich fanden Jahre später Waldarbeiter Kleider im Felsen. Sie konnten sich noch an diese Begebenheit erinnern und gaben der Felsformation den Namen »Säunickels Kleiderschrank«.

Vor einigen Jahren wurde eine Informationstafel mit der Geschichte dort aufgestellt. Und von Zeit zu Zeit finden sich auch das eine oder andere Kleidungsstück oder andere Schätze in den Spalten der Felsgruppe. Ein Weg beginnt am Bahnhof Friedrichsdorf. Von dort folgt man der Markierung »Schwarzer Punkt« circa drei bis vier Kilometer.

Adresse Säunickels Kleiderschrank, 61381 Friedrichsdorf | **Anfahrt** Von Friedrichsdorf Landgrafenplatz dem schwarzen Punkt Richtung Lochmühlenweg folgen. Auf dem Weg geht links ein Weg zur Felsformation Säunickels Kleiderschrank ab. Wanderstrecke circa 3 bis 4 Kilometer. Oder eine Karte über die Website der Stadt Friedrichsdorf und beim Taunus-Informationsbüro. | **Tipp** Die Felsgruppe Marmorstein ist nicht aus Marmor, sondern aus dem taunusüblichen Quarzit. Sie befindet sich zwischen Sandplacken und Herzberg. Vom Sandplacken dem Wanderweg »rotes Kreuz« folgen und dann Richtung Herzberg.

51 Das Nudelimperium

Pasta aus dem Taunus

Wer denkt heute bei Nudeln an Hessen oder gar an den Taunus? Wohl kaum jemand bringt diese Teigwaren mit der Region in Verbindung. Italien fällt einem augenblicklich ein, aus China sollen sie stammen; vielleicht geistern auch noch Eiernudeln und Spätzle aus dem Süden Deutschlands durch die Assoziationskette. Es gab aber eine Zeit, da genossen Nudeln aus Friedrichsdorf Weltruf. Um 1930 war es, dass der Nudelfabrikant Theodor Haller hier sein Kontorhaus und eine Fabrik eröffnete. Eigentlich hatte er dies seiner Frau und dessen Vater zu verdanken, denn der verlangte von ihm, dass er die Tochter nur heiraten dürfe, wenn er im Ort bliebe. Haller machte zu der Zeit ein Praktikum bei einem Hutfabrikanten, dann übernahm er nach dem plötzlichen Tod des Schwiegervaters die kleine Bäckerei, baute sie zu einer Nudelfabrik aus und zeigte sein ausgeprägtes Talent auch im Vermarkten seiner Produkte: Von Haller gab es koschere Nudeln genauso wie Nudeln in Märchenverpackungen, außerdem Postkarten oder Serienbilder, mit denen er überaus erfolgreich Werbung machte.

In der Villa Haller, dem ehemaligen Kontorhaus in der Hugenottenstraße 100, lebt heute der Tempelpräsident der Mormonen. Sie haben sich vor einiger Zeit auf dem Grundstück nebenan niedergelassen und den Frankfurt-Tempel gebaut. Das Gebäude wurde 1987 geweiht, nun aber wegen Umbauten geschlossen. Im Juli 2017 soll das 28 Meter breite und 98 Meter lange Gebäude wieder eröffnet werden. Es ist der zweite Mormonentempel in Deutschland.

Die Haller'sche Nudelfabrik gibt es seit 1973 nicht mehr. Der bekannte Konkurrent Birkel hat den Betrieb übernommen. Der Sohn des Firmengründers Wilhelm Haller leitete noch eine Weile die Birkel-Fabrik, bis er Friedrichsdorf in den 1990er Jahren endgültig verließ. Die Nudelproduktion wurde inzwischen komplett eingestellt. Nun erinnern nur noch einige Hinweistafeln, Figuren und Bilder an die Teigwarenvergangenheit.

Adresse Am Tempel, 61381 Friedrichsdorf, der Frankfurt-Tempel liegt direkt und unübersehbar daneben (Talstraße 10) | **ÖPNV** S 5 aus Frankfurt nach Friedrichsdorf | **Anfahrt** A 5 Richtung Friedrichsdorf und dann auf der L 3057 (Köpperner Straße) weiter bis in den Ort, die Taunusstraße liegt auf der rechten Seite, dieser folgen bis zur Hugenottenstraße | **Tipp** In Oberursel gibt es den Feinkostladen Hahn (Strackgasse 11) mit anderen Spezialitäten der Region.

52 Die Straße

Zentrum der Hugenotten

In Friedrichsdorf befindet sich die längste früher von Hugenotten besiedelte Straße, die Hugenottenstraße. Rund um diese Straße entwickelte sich die Stadt. Die Gründung des Ortes geht auf die Verfolgung der ursprünglich in Frankreich lebenden Protestanten zurück. Rund 200.000 flohen 1687 aus ihrer Heimat, und Landgraf Friedrich II. lud sie in seine Landgrafschaft ein. Sie kamen in den Ort, und aus Dankbarkeit wurde daraus Friedrichsdorf.

Die Hugenotten brachten einige Innovationen mit, und es zählten viele bis heute bedeutende Menschen zu ihnen: der Erfinder des Telefons, Philipp Reis, die Gattin des Spielbankgründers in Bad Homburg, Marie Blanc, der Gründer des Jungeninternats, Louis Frédéric Garnier, der Eiszeitforscher Desór und andere. Wie sich diese Straße entwickelte, ist an einem Touchscreen im Philipp-Reis-Museum zu sehen. In der Straße befand sich einst der Fabrikationsstandort der Zwiebackfabrik Stemler (in der Durchfahrt zu Nummer 88 befindet sich ein Stein mit den Initialen); der Nudelfabrikant Haller begann im Haus Nummer 100, Madame Blanc wuchs in der Taunusstraße 4 auf. Doch als sie wohlhabend geworden war, schenkte sie ihren Eltern das Haus Hugenottenstraße 81, nicht zu vergessen die schlichte Hugenottenkirche. Es standen aber auch 45 Färberhäuser in der Straße. Es sind die kleinen, schmalen, lang gezogenen Häuser, von denen heute nur noch vier zu sehen sind. Denn die Hugenotten brachten besondere Fähigkeiten im Textilgewerbe mit aus ihrer Heimat. In Friedrichsdorf wurde Leinen hergestellt, später Strümpfe und Flanell. Als die handwerkliche Textilproduktion von der fortschreitenden Industrialisierung überholt wurde, verlegten sie sich aufs Färben.

Die Hugenottenstraße ist ein Spaziergang in die Vergangenheit und vielleicht auch in eine andere Welt. Am sonderbarsten war vermutlich die Sprache. Bis 1913 wurde Französisch gesprochen, dann entwickelte sich ein Gemisch mit dem Hessischen.

Adresse Hugenottenstraße, 61381 Friedrichsdorf | **ÖPNV** S 5 aus Frankfurt nach Friedrichsdorf | **Anfahrt** A 5 Richtung Friedrichsdorf und dann auf der L 3057 weiter bis in den Ort, rechts in die Taunusstraße und dieser folgen bis zur Hugenottenstraße; von Bad Homburg über die Friedberger Straße nach Friedrichsdorf und links in die Taunusstraße, folgen bis zur Hugenottenstraße | **Tipp** Im Heimatmuseum Seulberg (Alt Seulberg 46, 61381 Friedrichsdorf) gibt es immer wieder Ausstellungen um und über die Hugenotten, ihr Handwerk und Leben in Friedrichsdorf.

53_Der Zwieback

Feinste Detailarbeit

Zwieback hat eine lange Tradition in Friedrichsdorf. Die Tradition gehört zur Vergangenheit, doch die Erinnerung daran wurde gerade wieder geweckt. Eine Skulptur im Zentrum des Ortes, mitten auf dem Kreisel Professor-Wagner-Straße / Viadukt, besteht aus zwei riesigen Zwiebäcken, die den Betrachter überragen: 2,40 Meter sind sie hoch, 1,80 Meter breit. Ein auffälliges Denkmal, das von dem Künstler Eckhard Gehrmann erschaffen wurde und von der Vergangenheit des Ortes erzählt.

Gehrmann sieht im Zwieback ein bedeutendes Thema der Friedrichsdorfer Wirtschaftsgeschichte; er stellt damit einen direkten Bezug zur eigenen Heimatstadt her. Auch der Standort ist bewusst gewählt, denn hier befindet sich das Gelände der Firma Milupa, die ebenfalls ihren Ursprung in der Zwiebackproduktion hat. Die Vorlage für die Skulptur stammt natürlich auch aus dem Ort: die Zwiebäcke der Firma Praum, die noch bis vor Kurzem dieses Dauergebäck herstellte. Die Zwiebäcke wurden immer wieder detailliert gezeichnet, bis die Struktur exakt stimmte und sogar die Gärbläschen wiedergegeben wurden. Die Firma Arnold, die es ebenfalls bereits seit 1924 in Friedrichsdorf gibt, wurde mit der Ausführung der Stahlskulptur beauftragt. Von ihnen stammte die Idee, die Zwiebackstruktur mit dem Laser aus den verwendeten Blechen zu schneiden.

Seit 2013 steht nun der Zwieback als zweite Skulptur des geplanten Friedrichsdorfer Skulpturenparks auf der Verkehrsinsel. Welche Skulpturen folgen und wo sie stehen werden, wird noch diskutiert. In jedem Fall sind 20 Plätze bereits geplant. Auch das Sinus-Kurven-Denkmal in Erinnerung an Philipp Reis soll umgesetzt werden. Möglich ist auch ein Park an der Bleiche, dort, wo früher die Frauen ihre Wäsche zum Trocknen aufgehängt haben. Für die Grünanlage zwischen Rollschuhbahn, An der Bleiche und Dr.-Friedrich-Neiß-Straße gibt es bereits verschiedene Gestaltungsvorschläge.

Adresse Kreisel Professor-Wagner-Straße / Am Viadukt, 61381 Friedrichsdorf | **Anfahrt** A 5 Richtung Friedrichsdorf und dann auf der L 3057 (Köpperner Straße) weiter bis zur Hugenottenstraße, dieser folgen bis zur Professor-Wagner-Straße | **Tipp** An der Wilhelmstraße befinden sich das ehemalige Firmengelände und die Villa der Familie Stemler, die von 1788 bis 1967 maßgeblich an der Entwicklung der Zwiebackstadt beteiligt war.

54 Die Abbey Road

Leidenschaftlicher Fan

Wer kennt schon die Gemeinde Gemmerich im westlichen Hintertaunus? Gemmerich liegt nicht weit von Miehlen, dem Geburtsort des Schinderhannes, entfernt. Genau genommen liegt Gemmerich im Blauen Ländchen – einer Gegend um Nastätten herum. Auch der Rhein ist nicht weit entfernt, ebenso Boppard und Sankt Goarshausen. Und dann ist da noch die Abbey Road.

Sie liegt in der Gartenstraße und wurde an der Hauswand von Haus Nummer 17 verewigt. Meterhoch ist hier die Londoner Abbey Road abgebildet, genauso wie John, Paul, George und Ringo – besser bekannt als die Beatles. Sie sind quasi in die Gartenstraße eingezogen, in das Elternhaus von Uli Schneider. Als Zwölfjähriger bekam er von seiner Schwester die erste Beatles-Platte geschenkt, und seitdem ist er Fan. Das war in den 60er und 70er Jahren. Seine langen Haare waren damals im Ort nicht gern gesehen. Er wurde ein leidenschaftlicher Sammler von Devotionalien der Pilzköpfe, ihrer Platten, Plakate, T-Shirts und anderer Erinnerungsstücke und stellt diese nun bei sich zu Hause aus. 800 Ausstellungsstücke sind es inzwischen, doch sein größter Traum bleibt es, dass irgendwann Paul McCartney vor der Tür steht …

Die Gartenstraße ist nicht die schönste Straße im Taunus, sie ist eine Straße in der typischen 1960er-Architektur. Die wohl größte Überraschung ist hier ist die plötzlich auftauchende Abbey Road. Das Bild von den Fab Four aus Liverpool, auf dem sie hintereinander über den Zebrastreifen laufen, kennt fast jeder. Die Fenster in der oberen Etage schmücken Bilder von John, George und Paul, der Schlagzeuger Ringo hängt im Erdgeschoss. Bisher ist der Eintritt in das 140 Quadratmeter große Museum frei. Hier begibt sich der Besucher auf eine Zeitreise in die 1960er Jahre mit zum Teil skurrilen Ausstellungsstücken wie einer Spieluhr oder dem Raumschiff von Yellow Submarine und seltenen Musikkassetten aus der ehemaligen DDR.

Adresse Beatles Museum Remember, Gartenstraße 17, 56357 Gemmerich, Tel. 06776/1276 oder 0171/7016546 | **Anfahrt** A 61 Richtung Sankt Goar/Goarshausen Nastätten über die K 86 Richtung Weyer und dann Richtung Gemmerich, von Bad Schwalbach kommend über die B 260 über Kemel Richtung Nastätten, dann L 335 über Miehlen nach Gemmerich, Gartenstraße geht von der Hauptstraße ab | **Öffnungszeiten** nach Vereinbarung | **Tipp** In Burgschwalbach gibt es die Straße Klapperfeld. Hier haben sich einige Künstler niedergelassen, so zum Beispiel der ehemalige Sänger der Crackers, einer Deutschrockband der Neuen Deutschen Welle.

55__Das Observatorium

Erkenntnisse der Atmosphäre

Umgeben von hohen Tannen, am Weg zum Kleinen Feldberg, liegt eine kleine Lichtung mit einigen Fachwerkhäusern. Man muss eine Gruppenführung buchen, um Details kennenzulernen. Bei einem Besuch im Taunus-Observatorium auf dem Kleinen Feldberg werden die meteorologische Messstation gezeigt, die alte Erdbebenwarte und andere Gebäude, die dazugehören. Geschichte, Geologie und Meteorologie werden erklärt, die Bedeutung und der Ablauf von Erdbeben und die Messung durch das Observatorium. Sonst ist die Anlage leider nicht zu begehen, eine Mauer und ein Zaun umgeben das Gelände.

Das Observatorium gehört zum Fachbereich Geowissenschaften und Geografie der Goethe-Universität Frankfurt; Führungen werden nur auf Anfrage durchgeführt. Die Sternwarte ist nicht immer besetzt, und fünf der Gebäude stehen inzwischen unter Denkmalschutz. Früher lebten hier die Forscher und ihr Personal. Kurz vor der Eröffnung der Sternwarte kam sogar Kaiser Wilhelm II. vorbei und verschaffte sich einen Eindruck von der damaligen Innovation. Er war der Erste, der sich in das Gästebuch des Observatoriums eintrug. Ihm folgten einige prominente Gäste wie auch der Prinz und die Prinzessin der Niederlande. Mit dem Aufkommen der Luftfahrt war das Interesse an Wetterdaten und den Erkenntnissen über die Atmosphäre immer größer geworden. Nicht zuletzt der Spendenbereitschaft des Frankfurter Bürgertums ist das Observatorium zu verdanken. Zur Anlage gehören ein Verwalterhaus und ein Assistentenhaus, ein Empfangsgebäude und die Erdbebenwarte, die immer noch funktioniert. Mit der Holzverkleidung der Giebel erinnern die Häuser ein wenig an Schweizer Almhütten.

Anlässlich des 100-jährigen Bestehens wurde das Observatorium geöffnet. Wie auch bei Führungen konnten nun historische Seismografen der Erdbebenwarte getestet oder ein Blick Richtung Sonne durch ein Sonnenteleskop geworfen werden.

Adresse Observatorium Kleiner Feldberg, Hochtaunusstraße (L 3024), 61479 Glashütten, Kontakt über geo-agentur@uni-frankfurt.de, www.geo.uni-frankfurt.de | **Anfahrt** von Glashütten Richtung Feldberg über L 3025, dann L 3024, rechts abbiegen Richtung Kleiner Feldberg; oder Hochtaunusstraße vom Kolbenberg Richtung Feldberg und nach dem Großen Feldberg links Richtung Kleiner Feldberg | **Tipp** In Hofheim gibt es in der Eppsteiner Straße eine Sternwarte, die auch nächtliche Sternenhimmel zeigt (bei klarem Himmel samstags nach Einbruch der Dunkelheit).

56_Die Jugendherberge

Wie alles begann

Fast jeder war in seiner Schulzeit das eine oder andere Mal in einer Jugendherberge. Unvergessen sind die Aufenthalte in den Mehrbettzimmern, die nächtlichen Treffen im Jungen- oder Mädchenzimmer, der Geruch oder der Tee, die Ausflüge, Wanderungen und anderen Aktionen auf der Klassenfahrt. Am Rande von Grävenwiesbach und oberhalb des Ortes liegt die Richard-Schirrmann-Jugendherberge. Im Hochtaunuskreis gibt es zwar noch andere, aber nur diese geht auf den Gründer der Jugendherbergen zurück. Sie wurde bereits 1937 von Richard Schirrmann, dem Gründer und Erfinder des Deutschen Jugendherbergswerks, geplant, dann aber erst 1964 eröffnet.

Richard Schirrmann war Lehrer und unterrichtete zuerst in Gelsenkirchen. Mit seinen Schülern unternahm er häufig Wanderungen, denn er mochte die Industriestadt gar nicht und hielt es für wichtig, dass Kinder möglichst oft in die Natur kamen. Schon bald wurden ihm seine zahlreichen Wanderungen vorgeworfen, und er wurde ins Sauerland zwangsversetzt. In Altena richtete er 1907 probeweise die erste Jugendherberge der Welt ein. Zwei Jahre später kam er auf die Idee, Jugendherbergen weiterzuverbreiten und ein flächendeckendes Netzwerk zu entwickeln. Schuld daran war ein Ausflug, bei dem er mit seinen Schülern in ein Unwetter kam und ein Quartier suchen musste. Schirrmann gelang es, immer mehr Städte und Gemeinden zu begeistern, sodass sie den Aufbau und die Finanzierung unterstützten.

Während des Krieges änderte sich einiges, und das Jugendherbergswerk zog schließlich nach Grävenwiesbach um. Hier unterrichtete Schirrmann wieder als Lehrer, und der Ausbau des Jugendherbergwerks stagnierte. Erst in den 1950er Jahren nahm er neue Verbindung zu seinen ehemaligen Mitstreitern auf, machte eine Bestandsaufnahme und setzte sein Engagement fort. In Grävenwiesbach blieb er bis zu seinem Tod. Ein kleines Richard-Schirrmann-Privatmuseum zeigt sein Leben und Werk.

Adresse Grävenwiesbach, Hasselborner Straße 20, 61279 Grävenwiesbach, Tel. 06086/520 | **Anfahrt** A 5 Richtung Saalburg und dann Usingen, über die B 456 weiter bis Grävenwiesbach und dann rechts der Frankfurter Straße durch den Ort folgen, die Hasselborner Straße geht rechts ab | **Tipp** Die Umgebung von Grävenwiesbach ist einsam, lieblich und von einem Auf und Ab durch Wiesen, Felder und Wälder gekennzeichnet. Hier trieb sich auch der Schinderhannes herum, und das ist durchaus vorstellbar!

57_Das tiefste Loch

Knall in der Grube

Rheinland-Pfalz ist am Tiefpunkt angelangt – das wurde vom Landesamt für Geologie und Bergbau inzwischen ermittelt und bestätigt. In Hahnstätten an der Bundesstraße 54 befindet sich das tiefste Loch im Taunus und irgendwann vermutlich auch in Deutschland. Bei dem Loch handelt es sich um einen gigantischen Steinbruch, in dem schon seit 1860 Kalkstein abgebaut wird. Der Kalk ist so gut, dass er sogar für Tabletten, Zahnpasta, Papier, Nahrungsmittel und andere Produkte verwendet wird. Eine Aspirintablette besteht zum Beispiel größtenteils aus Hahnstätter Kalk. Er gilt als der reinste Kalkstein in Europa.

Die Firma Johann Schäfer betreibt seit mehr als 150 Jahren diese ungeheure Grube. Sie hat einen Durchmesser von 500 und eine Tiefe von 120 Metern. Damit liegt sie gerade einmal 24 Meter über dem Meeresspiegel. Riesige Terrassen umlaufen das Loch, und es gibt sogar einen See und einen Wasserfall, die aus Grundwasser entstanden sind. Der Geologe Steffen Loos führt interessierte Besucher durchs Werk, um ein Gefühl für die Arbeit und die Bedeutung zu vermitteln. Für die Anwohner der angrenzenden Dörfer ist es zwar nicht immer ganz angenehm hier, weil sich zuweilen ein Hauch von Kalk in der Luft befindet, der sich fein und dezent über seine Umgebung legt, und es zudem immer wieder durch Sprengungen knallt. Dennoch soll hier auch weiterhin Kalk abgebaut werden, denn er ist so gut und kostbar, dass die Unannehmlichkeiten für die Umgebung in Kauf genommen werden. Das Loch wird weiter in die Tiefe gesprengt. Einerseits wegen der nahe gelegenen Bundesstraße, andererseits weil die Qualität immer noch besser wird. Circa 30 Jahre gibt der Geologe dem Loch noch. Parallel wurde aber schon der Merschelbruch mit den unterschiedlichsten Mineralien eröffnet.

In den 15 Jahrzehnten, die Schäfer Kalk hier nun die Grube bearbeitet, wurde ein Loch erzeugt, das einem den Atem stocken lässt.

Adresse Schäfer Kalk, Werk Hahnstätten, Aarstraße, 65623 Hahnstätten, Tel. 06432/5030. Das Loch befindet sich direkt an der B 54. | **Anfahrt** von Limburg auf die B 54 Richtung Hanstätten, Burgschwalbach, Schiesheim, direkt an der B 54 | **Öffnungszeiten** Führungen werden nur für Gruppen in Absprache mit dem Werk durchgeführt. | **Tipp** Am Rande des Taunus befinden sich die Weilbacher Kiesgruben. Hier wurde lange Zeit Kies abgebaut, dann Müll abgeworfen und Cross-Rennen gefahren, bis es zu einem Regionalpark umgebaut wurde. Jetzt gibt es Spazierwege, Tiere, einen Teich, einen Spielplatz und Einblicke in die Entwicklung.

58 Die Bergkapelle

Wo aber Gefahr ist

Am Rande von Hofheim geht es über einen kurzen und steilen Wanderweg durch den Wald zur Hofheimer Bergkapelle auf dem Kapellenberg. Die Kapelle hat eine besondere Geschichte: Im Jahr 1666 wütete die Pest, und der Pfarrer Johannes Gleidener zog mit seinen Gläubigen in einer Prozession auf den damaligen Räuberberg. Sie beteten um Verschonung vom Schwarzen Tod und wurden erhört. In Hofheim und den angrenzenden Dörfern gab es keinen einzigen Pestkranken. Aus Dankbarkeit und weil er es versprochen hatte, wurde eine Marienkapelle gebaut, zu der bis heute alljährlich am ersten Sonntag im Juli Gläubige aus den umliegenden katholischen Gemeinden von Hofheim, Kriftel, Münster, Zeilsheim und Hattersheim pilgern.

Gerade erst feierten die Jugendlichen der Gemeinden das 350-jährige Jubiläum mit einer Kunstaktion. Ein Zitat von Friedrich Hölderlin wurde an und neben der Kapelle angebracht: »Wo aber Gefahr ist, wächst das Rettende auch«, steht in hölzernen Buchstaben geschrieben. Es ist ein schönes Bild, doch voraussichtlich ist das Wort-Kunstwerk nicht dauerhaft zu sehen, dafür aber die Kapelle. Die ursprüngliche Kapelle wurde Mitte des 19. Jahrhunderts durch die heutige ersetzt. Im Innenraum befinden sich einige kostbare Holzskulpturen. Später wurden im Außenbereich noch Kreuzwegstationen ergänzt.

Nur wenige 100 Meter entfernt ist ein weiterer Ort zum Innehalten und Schauen. Auf dem Meisterturm bieten sich Ausblicke über den Taunus und in die Baumkronen. Der Turm ist über 172 Meter hoch, auf eigene Gefahr und ohne Eintritt zu erklimmen. Die umliegenden Bäume sind inzwischen schon so hoch gewachsen, dass der Aussichtsturm sie nur ein wenig überragt. Direkt daneben befindet sich das gleichnamige Ausflugslokal und Restaurant »Meisterturm« mit großem Biergarten. Kapellenberg, Bergkapelle und Meisterturm sind somit das ideale Ausflugs- und Wanderziel für Familien.

Adresse Bergkapelle auf dem Kapellenberg, 65719 Hofheim, erreichbar über einen Fußweg; Ausgangspunkt ist der Wanderweg an der Straße Kreuzweg, von dort circa 5 Minuten zu Fuß ansteigend; Aussichtsturm und Restaurant Meisterturm: Meisterturm 1, 65719 Hofheim am Taunus, Tel. 06192/8887 | **Anfahrt** A 66 Richtung Hofheim-Nord, auf der Hofheimer Straße/L 3018 bis zur Zeilsheimer Straße, dann links in die Martin-Wohmann-Straße und weiter den Hundshager Weg bis zum Ende durchfahren | **Öffnungszeiten** Juni – Sept. So 14.30 – 16.30 Uhr zur Besichtigung, Gottesdienst jeden Sa 8 Uhr | **Tipp** Einen anderen Eindruck vom Taunus vermittelt der Aussichtsturm »Taunusblick« direkt an der A 5. Der Turm ist 25 Meter hoch und einem Limesturm nachempfunden.

59 Das Paradies

Ein Genussladen

Was ist besser? Das meterlange Weißbrot oder das Oliven-Ciabatta? Die selbst gemachten Nudeln oder die unglaublichen Dolci? Es sieht einfach alles gut aus, und es fällt schwer, das Geschäft wieder zu verlassen, ohne gründlich von den Leckereien zu probieren. Augenblicklich kommt einem die Idee von einem lustigen Abend mit Freunden in den Sinn: feiern unter freiem Himmel mit all diesen Köstlichkeiten, Wein, karierten Tischdecken und in ausgelassener Stimmung.

Ein italienisches Feinkostgeschäft wie dieses vermuten in der Kreisstadt Hofheim am Taunus wohl die wenigsten Besucher. »Ciao Bella« ist ein Laden wie aus dem Bilderbuch. Alles ist stimmig – von der Einrichtung über die Auswahl der Produkte, die Zubereitung und Präsentation, bis zum Personal und der Atmosphäre. Die unterschiedlichsten italienischen Köstlichkeiten werden hier angeboten. Frisches Brot, Pizza Focaccia aus dem Ofen, handgefertigte Tagliatelle oder Ravioli und kleine süße Spezialitäten. In einer Truhe unterhalb des Verkaufstresens sind die Schubladen wie zufällig aufgezogen, darin Unmengen von Bonbons. Auch toll sind die wunderschönen Schmuckdosen mit Pastillen oder Pralinen und anderen Schokoladenspezialitäten von der italienischen Firma »Leone«. Verpackungsliebhaber werden entzückt sein!

Cantuccini, Baisertürme und andere Kekse stehen auf der Theke, dahinter eine freundliche Italienerin mit getupfter Schürze. In den Regalen stehen Nudeln, Marmeladen, eingelegtes Gemüse, Balsamico in den unterschiedlichsten Farben und Qualitätsstufen und andere italienische Spezialitäten. In einer weiteren Theke gibt es frische Oliven, Schinken und Käse bis zu unterschiedlichen Pastasorten. Ein Labsal für die Seele (und den Magen), für Besucher und Kunden, für Liebhaber und Hungrige. Das Geschäft hat Tische drinnen und draußen und bietet Frühstück, Mittagessen, Kuchen und andere Gaumenfreuden an.

Adresse Ciao Bella, Hauptstraße 49, 65719 Hofheim am Taunus, www.ciaobella-hofheim.de | **Anfahrt** A 66 Richtung Hofheim-Nord, auf der Hofheimer Straße / L 3018 bis zur Zeilsheimer Straße, dann links in die Elisabethenstraße, weiter bis Kellereiplatz, rechts in die Burgstraße, dann Sandgasse und danach links | **Öffnungszeiten** Mo – Fr 8 – 19.30 Uhr, Sa 8 – 16 Uhr, So 11 – 17 Uhr | **Tipp** In Oberursel gibt es den Feinkostladen »Marché du Sud« in der Ackergasse 28. Der Laden hat vor allem Spezialitäten aus Frankreich im Angebot (auch übers Internet erhältlich).

60_Die Hühnerkirche

Zünftige Hausmannskost

Eine abwechslungsreiche Landschaft umgibt Hünstetten, ein hügeliges Auf und Ab durch Felder und Wälder. Mittendrin liegt die Hühnerkirche, ein Gasthaus, in dem Hausmannskost serviert wird und reelle Portionen auf den Tisch kommen. Schnitzel, Kotelett, Serviettenknödel, Sauerbraten, Handkäs' mit Musik, Wirsinggemüse und andere traditionelle Gerichte werden nach alten Rezepten zubereitet und serviert. Bescheiden, aber einladend ist das Wirtshausschild. Und auf dem Dach thront der Wetterhahn, als weithin sichtbares Symbol der Hühnerkirche.

Eine Kirche ist es schon lange nicht mehr und war es genau genommen auch nur kurze Zeit. Um 1500 gab es an dieser Stelle eine Kirche, doch die meiste Zeit diente das Gebäude als landwirtschaftlicher Betrieb und als Gasthaus. Bereits seit 1777 kehren hier Fuhrleute und Reisende auf ihrer Fahrt nach Wiesbaden und Limburg ein. Einst wurden hier Märkte abgehalten, und es gab den jährlichen Heiratsmarkt. Die älteren Bewohner der Gegend erinnern sich noch gut daran. Einige Jahre diente die Hühnerkirche auch als Poststation; das brachte der Gegend mehr Leben, Aufschwung und Verkehr. Der Hühnerkirche brachte es eine Schmiede, eine Pferdeschwemme und ein Wagnerei, vor allem aber einen Wirtschaftsbetrieb mit Brauerei und Branntweinbrennerei sowie neue Ländereien und Schweinemast. Durch Plünderungen und die Verlegung der Poststelle veränderte sich alles, bis das Gebäude verkauft werden musste. Die jetzigen Eigentümer sind Nachfahren der Käufer und führen es weiterhin als Gasthaus. Essen wie bei Muttern, ohne Schnickschnack und Ambiente, dafür aber mit Suppe und Nachtisch – wie ein klassisches Sonntagsessen oder beste Hausmannskost.

Hünstetten ist dort, wo die Hühnerkirche ist. Rundherum liegen kleine Dörfer, die alle um die 1.000 Einwohner haben und inzwischen zur Gemeinde Hünstetten gehören. Wallrabenstein ist mit 2.000 Einwohnern am größten.

Adresse Gasthof Hühnerkirche, Hühnerstraße 1, 65510 Hünstetten, Tel. 06126/8321 | **Anfahrt** direkt an der B 417 (Hühnerstraße, Ecke L 3275) zwischen Neuhof und Hünfelden | **Öffnungszeiten** Mo – Do und Sa, So 11 – 24 Uhr, Fr geschlossen | **Tipp** Die Landsteiner Mühle (Landstein 1, Weilrod) nennt sich heute »ApfelWeinBistrorant«, war aber vor langer Zeit vergebliches Überfallziel des Räuberhauptmanns Schinderhannes. Und das ist in der Landschaft und Umgebung des Restaurants sehr gut vorstellbar. Geschichte erfragen!

61__Die Ahle

Rettende Wege

Idstein ist eine alte Fachwerkstatt, mit hübschen, bunten und reich verzierten kleinen Häusern, die sich in schmalen Gassen durch den Ort ziehen. Zwischen einigen dieser engen Gassen gibt es noch schmalere Durchgänge, die gerade mal so breit sind, dass eine Kuh oder ein Pferd durchpassen würde. Aufmerksame Beobachter finden diese Passagen, die Verbindungen zwischen Straßen wie der Obergasse und Kaffeegasse oder der Löhergasse und dem König-Adolf-Platz herstellen. Dabei handelt es sich um die sogenannten »Ahle«, die vor langer Zeit bewusst als Brandwege gebaut wurden. Im altdeutschen Wortgebrauch wurde der Begriff »Ahle« für »Enge«, »Zwischenraum« oder für »Brandgasse« verwendet. Heute sind es perfekte Abkürzungen.

Die Fachwerkhäuser, die bei Ausbruch eines Feuers schnell lichterloh in Flammen standen und auch direkt die weiteren Gebäude mit in Brand setzten, konnten mit Hilfe der Ahle besser gelöscht werden und gegebenenfalls auch das kostbare Vieh so schneller aus dem Ort hinausgetrieben werden. Durch die Zwischenräume konnte sich das Feuer außerdem nicht ganz so schnell ausbreiten. Gleichzeitig wurden die Ahle genutzt, um im Brandfall Menschenketten zum Löschen bilden zu können. Eimerweise wurde damals das Löschwasser aus dem Wörsbach oder Wolfbach geholt und von Mann zu Mann weitergereicht. Auch Spülwasser und andere Abwässer konnten durch diese Gassen geleitet werden. Idstein ist nicht die einzige Stadt, die Ahle ins Gassengewirr integrierte. In anderen Regionen hießen sie zum Beispiel Reil oder Reule.

Heute sind Idsteins Ahle zum Teil wieder begehbar. So zwischen der Kreuzgasse und der Escher Straße oder der Weiherwiese, zwischen Felix-Lahnstein-Straße oder Kaffeegasse und Obergasse und zwischen der Löhergasse und dem König-Adolf-Platz. Sehenswert ist die sogenannte »Kreuzahle«: Hier wurde von privater Hand die Ahle zwischen der Kreuzgasse und der Weiherwiese neu gestaltet.

Adresse zwischen Kreuzgasse und Escher Straße oder Weiherwiese, zwischen Felix-Lahnstein-Straße oder Kaffeegasse und Obergasse und zwischen der Löhergasse und dem König-Adolf-Platz, 65510 Idstein | **Anfahrt** von der A 3 auf der Wiesbadener Straße Richtung Idstein (L 3274), die Ahle liegen in der Fußgängerzone, diverse Parkmöglichkeiten | **Tipp** Das Idsteiner Schloss ist heute ein Gymnasium. Bei einer Schlossführung sind vor allem die Räumlichkeiten mit ihren fünf Deckengemälden sehenswert.

62 Das Original

Harry von de Gass

Ein Denkmal wird in den meisten Fällen zu Ehren einer herausragenden Persönlichkeit oder eines besonderen Ereignisses oder vielleicht zur Mahnung errichtet. In den seltensten Fällen jedoch wird ein Denkmal zu Ehren eines »Mannes des Volkes« errichtet. In Idstein steht aber mitten in der Fußgängerzone eine Bronzefigur, die einen Mann mit weiten Hosen, schlabbernden Ärmeln und einem Besen in der Hand darstellt. Es handelt sich dabei um »Harry von de Gass«, ein sogenanntes Idsteiner Original. Die meisten kannten Harry Segebarth, aber nicht jeder hier war begeistert, dass ihm zu Ehren ein Denkmal aufgestellt wurde. Der gebürtige Berliner kam im Alter von neun Jahren nach Idstein. Er wuchs im Kalmenhof auf, einer sozialpädagogischen Einrichtung, in der Menschen mit Behinderung bereits seit Mitte des 19. Jahrhunderts wohnen und arbeiten. Damals wurden Arbeitskräfte mit Behinderungen eher auf dem Land benötigt und in den umliegenden Städten auch nicht allzu gern von den feinen Bürgern gesehen.

Harry selbst arbeitete auf dem Kalmenhof in der Küche, der Schneiderei und der Korbmacherei. Bis zu seinem Tod war er in der Wäscherei beschäftigt. Im Zentrum von Idstein kehrte er die Straßen – stets vergnügt pfiff und sang er seine Lieder und wurde so als singender Straßenkehrer bekannt.

Das Bronzedenkmal von Waldemar Schröder steht seit 2008 in Lebensgröße in der Fußgängerzone. Es soll rund 24.000 gesammelte Euro gekostet haben und wurde von der Idsteiner Bevölkerung gestiftet. Die Pfarrei Sankt Martin hat sich besonders dafür eingesetzt, denn dort war er mehr als 40 Jahre als Messdiener aktiv. Aber auch bei den Pfadfindern, auf Prozessionen, bei Feiern und Veranstaltungen half er immer mit. Ihm zu Ehren wurde ein Lied geschrieben, und das Abbild der Skulptur wird von der Stadtverwaltung zum Beispiel für Schreiben zur Räum- und Streupflicht verwendet.

Adresse Bronzeskulptur »Harry von de Gass«, Rodergasse / Schulze-Delitzsch-Straße, 65510 Idstein | **Anfahrt** von der A 3 auf der Wiesbadener Straße Richtung Idstein (L 3274) bis zur Schulze-Delitzsch-Straße rechts und dieser folgen bis zur Ecke Rodergasse | **Tipp** Die Deckengemälde der Unionskirche in der Martin-Luther-Straße 4 sind sehenswert. Die barocke Kirche ist nach dem Dreißigjährigen Krieg gebaut worden.

63_Die Tafeln

Andenken an die Studenten

Heute gilt es als eine Unsitte aus der vergangenen Zeit. Früher war das anders, da verewigten sich die Abgänger der Idsteiner Bauschule mit Tafeln an der Mauer des Rathauses, wenn sie es geschafft und ihr ersehntes Abschlussdiplom endlich in der Tasche hatten. Einige Klassen wiederholten diese Gewohnheit, wenn sie nach Jahrzehnten zur Wiedersehensfeier zurück in ihren Studienort kamen.

Die Idsteiner Bauschule mit ihrer langen Tradition ist hier inzwischen nicht mehr ansässig. Sie wurde 1992 nach Wiesbaden verlegt, wo die Studenten ihren Brauch fortsetzten. Über 120 Jahre wurden in Idstein nach dem Vorbild der Pariser und Berliner Bauakademien junge Handwerker der Bauberufe (hauptsächlich angehende Meister) ausgebildet, später Ingenieure und Architekten. Die Akademie befand sich in einem nicht zu übersehenden Backsteingebäude an der Limburger Straße, das nach den Plänen des ehemaligen Baugewerkschuldirektors Emil Hofmann im Jahr 1893 erbaut wurde (Erweiterung 1910). Heute wird hier immer noch gelehrt und studiert, doch es sind nun Fächer wie Chemie, Biologie, Gesundheit, Wirtschaft und Medien, die die Hochschule Fresenius anbietet. Der alte Brauch der Bauschüler wurde übernommen, wobei ihre Gedenktafeln direkt an den Außenwänden der Akademie Richtung Wagenerstraße (die nach einem früheren Direktor benannt wurde) angebracht sind. Hier hängt jetzt zum Beispiel eine Tafel mit der Aufschrift »Das erste Chemieingenieursemester in Idstein 1996«.

An der Rathausmauer sind auch nach der aufwendigen Renovierung vor einigen Jahren noch immer die alten Tafeln zu finden. Darauf steht zum Beispiel »Architekturexamen 1959/60« oder »Kleinstes Sommersemester 1992. Bestehend aus 3 Frauen und 1 Mann«, oder »30 Jahre Miteinander und mit Idstein verbunden« und »50 Jahre Ingenieurexamen« oder »nach 40 Jahren wiedergekehrt«. Es sind auch Brücken und Gebäude zu sehen, vor allem aber die Namen einzelner Personen.

Adresse König-Adolf-Platz 2, 65510 Idstein und Limburger Straße 2, 65510 Idstein | **Anfahrt** von der A3 auf der Wiesbadener Straße Richtung Idstein (L 3274), der König-Adolf-Platz liegt in der Fußgängerzone am Rathaus | **Tipp** 2016 wurde eine Gedenktafel zur Erinnerung an die »Vertreibung und Integration« in Idstein am Rande der Gerichtswiese angebracht. Darauf steht, dass seit 1946 mehr als 3.000 Vertriebene, Aussiedler und Flüchtlinge hier eine neue Heimat fanden. Ein Statement der Gegenwart.

64 Das Büffelgeweih

Koloniales Erbe

Die Familie von Gagern ist wohl die prominenteste Familie des heutigen Kelkheimer Ortsteils Hornau. Sie lebten von 1818 bis 1866 auf dem bis heute gut erhaltenen Hofgut. Es war eine riesige Familie. Zehn Kinder hatten Hans Christoph Ernst und seine Frau Charlotte. Drei der Söhne taten sich besonders hervor und traten in die Fußstapfen ihres Vaters: Sie setzten sich für ihr Heimatland ein und kämpften mit Worten und Taten für eine bessere Welt. Friedrich, Heinrich und Maximilian waren die politischsten Söhne der Familie, die sich für ein demokratischeres Deutschland engagierten. Heinrich wurde der erste Präsident eines frei gewählten deutschen Parlaments, Maximilian war im Reichsaußenministerium, und Friedrich schlug auf Anraten seines Vaters die militärische Laufbahn ein.

Im Juni 1844 wurde er zu einer besonderen Mission auf die Sunda-Inseln entsandt, wo er im Auftrag der Niederlande, für die er im Dienst war, das Militär und die Verteidigungssysteme der Kolonien untersuchen sollte. Von dieser Reise brachte er ein Geschenk mit in die Heimat, das heute den alten Familiensitz in Hornau schmückt: Es handelt sich um ein Büffelgeweih, das an dem alten Gemäuer völlig fehl am Platze wirkt. Doch Friedrich wollte es so und schrieb aus Ostindien: »Der Regent von Tijamis schenkte mir mächtige Büffelhörner zum Andenken, in einer Dimension, welche auch hierzulande für eine große Seltenheit gilt.« Diese Seltenheit hängt an der linken Hausseite und ist, wenn man sich auf das eingezäunte Grundstück geschlichen hat, unübersehbar.

Der neugierige Gesandte schaute sich aber nicht nur Java, Madura und Sumatra an, sondern nutzte die Gelegenheit, um auch Brasilien und Madeira, Britisch-Indien und Ägypten zu sehen. Drei Jahre war er unterwegs und brachte neben dem Büffelgeweih eine Sammlung von Tierpräparaten mit in die Heimat, die später das Museum Wiesbaden erhielt.

Adresse Rotlintallee 12, 65779 Kelkheim | **Anfahrt** von Kelkheim kommend oder über die Kelkheimer Straße in den Gagernring einbiegen und bis zur Rotebergstraße fahren, dann rechts einbiegen und dann die zweite Straße links, vor dem Gut befindet sich ein Parkplatz | **Tipp** Die Gagernhöhle (im Volksmund Fuchshöhle) liegt nach einer Fußgängerbrücke über den Liederbach. Friedrich von Gagen liebte die Höhle, sodass diese nach seinem Tod in »Fritzens Ruh« umbenannt wurde.

65_Der Aussichtsturm

Land des Limes

Wunderbare Ausblicke über die hügelige Landschaft des Taunus bis hin zum Feldberg bietet der Limesturm in Kemel. Es ist nur einer von vielen Limestürmen im Taunus, die entlang des Weltkulturerbes Limes immer wieder auftauchen. Aber er bietet einen genialen Blick und Überblick – gerade so, wie es für die römischen Soldaten vor fast 2.000 Jahren hier ausschlaggebend war.

Die Römer begannen um 100 nach Christus das rechtsrheinische Gebiet durch den obergermanisch-rätischen Limes zu sichern. Insgesamt 550 Kilometer Länge, 900 Wachtürme und über 100 Kastelle gehörten dazu. Damit ist der Limes bis heute das größte Bodendenkmal in Europa. Im Taunus gibt es eine Menge Wege, Kastelle und Andenken an die Zeit der Römer zu sehen und zu verfolgen (so zum Beispiel den Limes-Erlebnispfad Hochtaunus, die Saalburg oder eben die Wachtürme). Der Limes trennte hier einst die Römer von den Germanen und bildete eine künstlich geschaffene Grenze aus Überwachungs- und Sperranlagen mit Türmen, Palisadenzäunen, Gräben, Wällen und Mauern. Seit 2005 gehört der Limes zum Weltkulturerbe und ist damit vergleichbar mit der griechischen Akropolis oder den Pyramiden von Gizeh.

Dort, wo der Aussichtsturm in Kemel steht, befand sich einst das Kastell »Auf dem Pohl«, von dem keine Überreste mehr zu sehen sind. Eigentlich sollte an dieser Stelle ein einfacher Informationspavillon stehen, aber schon bald einigten sich die Verantwortlichen darauf, dass eine Überdachung notwendig sei. Errichtet wurde eine hölzerne Turmkonstruktion, die an einen römischen Limesturm erinnert. Früher wurden hier Angriffe abgewehrt und die Stellung gehalten, bis Verstärkung aus den umliegenden Kastellen zu Hilfe kam. Heute dienen sie der Erinnerung und der Aussicht. Hinweistafeln erklären die Bedeutung des Standortes. Auf dem Pohl bei Kemel lag einer der höchsten Punkte; von hier bieten sich herrliche Blicke in die Landschaft.

Adresse an der B 260, Abfahrt Kemel und direkt in die Bäderstraße | **Anfahrt** von Bad Schwalbach Richtung Mappershain über B 260 bis Abfahrt Kemel, dann direkt in die Bäderstraße, linker Hand führt ein Feldweg zum Turm (ist ausgeschildert), alternativ die nächste Straße Zum Pohl links abbiegen | **Tipp** Einen weiteren Wachturm mit guter Aussicht gibt es auf dem Gaulskopf (1925 errichtet).

66__Die Funkstation

Dank an die US-Soldaten

Auf dem Kolbenberg bei Oberursel, in der Nähe des Wanderparkplatzes Sandplacken, steht ein Gedenkstein mit einer Kupfertafel darauf. Er wurde für die US-Soldaten aufgestellt, die auf dem Berg stationiert waren. In unmittelbarer Nähe befindet sich noch heute die einst größte »Radio Relay Site« Europas. Das Gelände ist umzäunt und unzugänglich, doch gut einsehbar. Die Soldaten haben die Station längst verlassen, und die Funkstation ist außer Betrieb. Doch die Hinterlassenschaft übt eine Faszination aus: die hohen, mit Stacheldrahtzaun geschützten Mauern, der riesige Funkmast, die zum Teil offen stehenden Eisentüren und die Stille der Umgebung. Kein Wunder, dass das Setting schon für Krimis genutzt wurde. So zum Beispiel in einem der Taunuskrimis von Nele Neuhaus als Versteck für eine Geisel.

Die Anlage hieß offiziell »Feldberg Radio Relay Site«, im Volksmund einfach »Sandplacken« oder »Kolbenberg«. Am Anfang wohnten die Soldaten in der Anlage, doch mit der ansteigenden Terrorgefahr in Deutschland in den 1980er Jahren wurde auch die Funkstation besser gesichert und die noch vorhandene Mauer gebaut. Die Wohnbaracken mussten dafür weichen, und die Soldaten zogen ins Camp King nach Oberursel. Der letzte Mitarbeiter der US Air Force verließ die Anlage schließlich 1993.

Die amerikanischen Soldaten, die auf dem Sandplacken und in der Region tätig waren, erfreuten sich großer Beliebtheit bei der Bevölkerung. Aus dem Grund befindet sich auch der Gedenkstein hier. Durch ihr technisches Wissen konnten sie oft helfen, wie zum Beispiel bei einigen öffentlichen Einrichtungen. Beim Bau der Kittelhütte (eine Schutzhütte am gleichnamigen Gebirgspass) oder bei der früheren Bobbahn in Oberreifenberg waren sie behilflich. Die Bobbahn war damals eine kleine Sensation, denn es gab lediglich in Winterberg und Garmisch-Partenkirchen vergleichbare Strecken. Sie war jedoch nur drei Jahre in Betrieb (vom Nordhang des Feldbergs bis zu den heutigen Tennisplätzen in Oberreifenberg).

Adresse Wanderparkplatz Sandplacken, 61389 Schmitten | **Anfahrt** von Bad Homburg über die A 661 Richtung Feldberg (L 3004) bis zum Wanderparkplatz Sandplacken, 61389 Schmitten, von dort direkt rechts Richtung Altes Jagdhaus und dann circa 300 Meter weiter dem Weg folgen (der Mast ist bald zu sehen) | **Tipp** Die Villa Gans in Königstein wurde 1945 von den Amerikanern beschlagnahmt und als »Victory Guest House« genutzt. In den ersten Stock zog General Eisenhower und empfing hier Gäste wie John D. Rockefeller, Paul Getty, Bette Davis, Errol Flynn oder General Clay.

67 Das Fünfziger-Jahre-Haus

Ort der Begegnung

Es gibt eine Menge Details, die dieses Gebäude so besonders machen: die Schlichtheit der Fassade oder die Bemalung, die Treppenaufgänge und Fensterfronten, die Türen, die Farbe oder die exponierte Lage. Vor allem aber ist es die Architektur der 1950er Jahre, die im Taunus nur selten zu sehen ist und dem Besucher oder Betrachter diese Zeit noch einmal vergegenwärtigt: Der Krieg war gerade erst vorbei, unzählige Gebäude zerstört, und die Menschen mussten sich wieder neu orientieren. Es war eine Zeit zwischen Optimismus und Angst, auf der Suche nach neuen Werten und Zielen.

Da entstand das Haus der Begegnung. Es wurde das schönste Tagungsgebäude in Hessen, das zugleich für christliche Nächstenliebe stand, denn es war lange Zeit das Tagungshaus der Vereinigung »Kirche in Not«. Darin fanden Kongresse statt, die über die Not der Kirche – vor allem im Osten hinter dem Eisernen Vorhang – berichteten, genauso wie religiöse Tagungen, Lehrgänge oder Exerzitien. Initiator war Prälat Adolf Kindermann, der maßgeblich an der Gründung des Hauses beteiligt war. Nach dessen Tod und vermutlich auch durch die Entwicklung der Gesellschaft veränderte sich der Fokus. Die internationalen Kongresse wurden noch bis 1995 abgehalten, Menschenrechtler aus unterschiedlichen Nationen kamen zu Wort, es referierten nicht nur Katholiken, sondern auch Vertreter der Orthodoxie und der protestantischen Kirchen. »Kirche in Not« gibt es immer noch in Königstein, jedoch hat die Bedeutung abgenommen. Nach dem Krieg waren Menschenmassen aus dem Osten geflüchtet und hatten hier ein wenig Halt gefunden.

Geblieben ist das einzigartige Gebäude. Die Stadt Königstein hat es gekauft und mit Hilfe vieler Bürger und Spenden renoviert. Jetzt ist das Haus der Begegnung ein Tagungs- und Veranstaltungsgebäude für alle, die einen besonderen Rahmen suchen. Es wurde 2012 wieder eröffnet.

Adresse Haus der Begegnung, Bischof-Kaller-Straße 3, 61462 Königstein im Taunus, Tel. 06174/3061, info@hdb-koenigstein.de, www.hdb-koenigstein.de | Anfahrt der B 455 Richtung Eppstein folgen, die Bischof-Kaller-Straße geht gleich nach dem großen Kreisel in Königstein links ab | Tipp Aus der gleichen Zeit stammt die katholische Kirche Heilig-Kreuz in Bad Homburg. Sie wurde wegen des großen Zustroms Heimatvertriebener gebaut.

68 Das Grundstück

Die großzügige Prinzessin

Es gibt kaum einen besseren Platz: Direkt unter der Burg liegt das Gelände, das Prinzessin Adelheid der Kirche schenkte. Das evangelische Gemeindehaus »Adelheid-Stift« erinnert bis heute an Prinzessin Adelheid Marie von Anhalt-Dessau. Sie war die Gemahlin des Herzogs Adolph von Nassau, des späteren Großherzogs von Luxemburg, und wählte Königstein zu ihrem Sommersitz. Ihr Mann schenkte ihr 1858 das Luxemburgische Schloss. Prinzessin Adelheid liebte Königstein und verbrachte möglichst viel Zeit hier. Nach dem Tod ihres Mannes verstärkte sich der Wunsch, hier zu leben, noch mehr, sodass sie und Angehörige immer häufiger im Ort waren.

Die Prinzessin zeichnete sich durch ihre Großzügigkeit aus: Sie setzte sich für wohltätige Zwecke ein und unterstützte vor allem die damals sehr kleine evangelische Kirchengemeinde. Der Bau der Kirche war schon durch ihren Mann gefördert worden, und sie setzte die Förderung fort, unterstützte den Bau des Pfarrhauses und 1912 des Herzogin-Adelheid-Stifts. Hierfür schenkte sie der Gemeinde das Grundstück. Die Großzügigkeit beschränkte sich aber nicht nur auf die evangelische Kirche. Auch das katholische Krankenhaus, Kinderfeste und Feiern für wohltätige Zwecke lagen ihr am Herzen. Als Adelheid im Jahr 1916 im Alter von 82 Jahren auf Schloss Königstein verstarb, waren Trauer und Anteilnahme im Ort so groß, dass Karten ausgegeben werden mussten, um den Ablauf in der Kirche, wo sie aufgebahrt war, zu regeln. Sie wurde jedoch nicht in Königstein, sondern in Weilburg in der fürstlichen Familiengruft bestattet.

Das Adelheid-Stift hat 2012 sein 100-jähriges Bestehen gefeiert. Auch hierbei wurde der großzügigen Herzogin gedacht. In einer Ausstellung lebte sie noch einmal auf. Das Haus mit den farbigen Fenstern und Fachwerkelementen, in dem sonst Konzerte und andere Veranstaltungen stattfinden, hat eine gemütliche, heimelige Ausstrahlung.

Adresse Adelheid-Stift, Burgweg 14, 61462 Königstein im Taunus | Anfahrt B 455 von Kronberg nach Königstein oder Eppstein, über die Frankfurter Straße Richtung Zentrum bis zur Georg-Pringler-Straße rechts, dann zweimal links, rechts und wieder links | Tipp Der Name der Baronin Antonie von Reinach taucht ebenfalls immer wieder im Taunus auf: Sie stiftete zum Beispiel auf dem Staufen einen Gedenkstein für Schiller und die Schillereiche und unterstützte das Taunus-Observatorium auf dem Kleinen Feldberg.

69__Die Kirchenväter

Ich verlange Speck!

Sie haben etwas Rührendes an sich, obwohl sie so riesig sind. Vermutlich weil sie so dicht beieinanderstehen und dem Betrachter ganz schnell klar wird, dass da Männer stehen, die Gutes, Wohltätiges und Großes geleistet haben: die drei Königsteiner Kirchenväter Pater Werenfried van Straaten, Bischof Maximilian Kaller und Weihbischof Adolf Kindermann auf dem Pater-Werenfried-Platz in Königstein. Erhaben ist das Denkmal, das ihnen zu Ehren 2011 eingeweiht wurde. Sie haben sich für notleidende Menschen eingesetzt und waren auch in Königstein jahrelang aktiv.

Bischof Kaller baute zusammen mit Adolf Kindermann in Königstein die Philosophisch-Theologische Hochschule auf. Er war das »Herz des Trios«, während Weihbischof Kindermann als Kopf und Macher agierte. Pater Werenfried dagegen hat mit der Kraft seiner großen Hände und mit aufgehaltenem Hut sein Werk vollbracht. Er war der Bekannteste von den dreien und machte sich bereits als junger Pater einen Namen als »Speckpfarrer«. 1947, als der Zweite Weltkrieg gerade zwei Jahre vorbei war und unzählige Menschen nichts zu essen hatten, schrieb er zu Weihnachten einen Artikel, in dem er um Hilfe für die 14 Millionen Heimatvertriebenen aus dem Osten bat. Darin erklärte er: »Ich brauche kein Geld von euch, denn mit Geld kann ich in Deutschland nichts kaufen. Ich verlange Speck!«

Ein Jahr später kam er das erste Mal nach Königstein, und die Stadt wurde bald zu seiner Heimat. Er setzte ungewöhnliche Strategien und Mittel ein, um gegen Not in der Welt zu kämpfen. So die Aktion »Ein Fahrzeug für Gott«, bei der er gebrauchte Busse und Lkws zu fahrbaren Altären machte. Sein Markenzeichen war der »Millionenhut«, mit dem er ein Leben lang gebettelt hat. Selbst als der Hut schon Löcher hatte, sammelte er damit weiter Spenden ein und wies darauf hin, dass es besser sei, Scheine zu spenden, da diese nicht durch die Löcher fallen würden.

Adresse Bischof-Kindermann-Straße, 61462 Königstein im Taunus | **Anfahrt** B 455 Richtung Eppstein folgen, die Bischof-Kaller-Straße geht gleich nach dem großen Kreisel in Königstein links ab in die Bischof-Kindermann-Straße, dieser folgen bis zum Pater-Werenfried-Platz | **Tipp** Neben der Königsteiner Burgruine befindet sich die Sankt-Angela-Schule (Gerichtsstraße 19). Da ging Krimiautorin Nele Neuhaus zur Schule, und hier sowie auf der Burg wurden Filmszenen ihrer Taunuskrimis gedreht.

70 Das zauberhafte Sanatorium

Von Peterchens Mondfahrt und anderen

In dem Kindermärchen »Peterchens Mondfahrt« fliegen die Kinder Peter und Anneliese gemeinsam mit dem Maikäfer Sumsemann zum Mond. Sie wollen sein verlorenes sechstes Beinchen holen. Herr Sumsemann beobachtet die beiden Kinder, als sie von ihrer Mutter mit dem Maikäferlied in den Schlaf gesungen werden, und vertraut ihnen. Die beiden Kinder sollen den Maikäfer begleiten, weil sie noch nie einem Tier etwas zuleide getan haben. Das ist die Voraussetzung für den traumhaften Flug zum Mond.

Diese Geschichte von Peterchens Mondfahrt schrieb Gerdt von Bassewitz in Königstein. Die beiden Kinder sollen echte Vorbilder haben, die einst in der Villa im Ölmühlweg 12 lebten. Peter und Anneliese hießen die Kinder des Ärzteehepaares Eva und Oskar Kohnstamm, die das frühere Sanatorium und Kurheim leiteten, das auf psychosomatische Erkrankungen spezialisiert war. Gerdt von Bassewitz lernte sie während seiner Kur im Jahr 1911 kennen. Er suchte nach einem Zusammenbruch an der Ostfront während des Ersten Weltkrieges Heilung und wohnte im »Haus Germania« (Öhlmühlweg 35). Es waren noch einige andere Berühmtheiten im Sanatorium zur Kur oder Gast der Familie Kohnstamm. So fanden Gespräche zwischen Künstlern und Wissenschaftlern, Konzerte und Theateraufführungen in der Turnhalle oder gesellige Runden regelmäßig statt. Auch der Maler Ernst Ludwig Kirchner war hier Patient und bemalte das Treppenhaus mit der »Badenden auf Fehmarn«. Das Bild wurde jedoch später als sogenannte »Entartete Kunst« beseitigt und nach dem Zweiten Weltkrieg durch eine textile Fotoreproduktion in der ursprünglichen Größe ersetzt. Nach dem frühen Tod von Oskar Kohnstamm wurde das Sanatorium verkauft. Heute befindet sich hier das Siegfried-Vögele-Institut, und es werden Seminare in Anlehnung an Vögeles werbepsychologische Theorien durchgeführt.

Adresse Siegfried-Vögele-Institut, Ölmühlweg 12, 61462 Königstein im Taunus, Tel. 06174/20170 | **Anfahrt** B 455 von Kronberg nach Königstein oder von Eppstein nach Königstein, über die Le-Cannet-Rocheville-Straße links in die Theresenstraße, dieser folgen bis Ölmühlweg, Gebäude liegt rechts | **Tipp** Im Ölmühlweg 25 und 35 sind weitere Gebäude, die früher zur Klinik gehörten und in denen die Patienten untergebracht waren. Das Grab von Oskar Kohnstamm befindet sich auf dem Königsteiner Friedhof. Das Institut bietet Zimmer an, die jedoch nur in Verbindung mit den Veranstaltungen gebucht werden können.

71 Der Kreuzweg

Vierzehn Helfer in der Not

In der Nähe des Königsteiner Friedhofs steht die Josefskapelle, die 1908 geweiht wurde. Der Vorbau ist jederzeit frei zugänglich, und man kann einen Blick auf das Gemälde im Inneren werfen. Die Kapelle hatte einen Vorgänger, der schon 200 Jahre zuvor von der Königsteiner Bauzunft erbaut wurde, von den Franzosen jedoch 1792 zerstört wurde. Damals stand die Kapelle am Gaisberg bei der Villa Andrae.

Jetzt steht die Kapelle auf dem Königsteiner Kreuzweg, der aus 14 Stationen besteht und am Wegekreuz im Speckerhohlweg beginnt. Er führt Richtung Josefskapelle, in kurzen Abständen folgen die Stationen. Es sind Eichenholzsäulen, die im Jahr 1949 von Johannes Belz geschnitzt wurden. Sie führen schließlich zu einem Platz, an dem die letzten vier Stationen einen Halbkreis bilden. In deren Mittelpunkt steht erneut ein Kreuz. Dieses wird von zwei Votivsteinen flankiert, auf denen die in der christlichen Kirche so genannten »Vierzehn Nothelfer« abgebildet sind. Dabei handelt es sich um Heilige aus dem zweiten bis vierten Jahrhundert, von denen alle bis auf einen als Märtyrer starben. Sie helfen bei Todesangst oder Krankheiten, bei unvorhersehbaren Gefahren, schwierigen Lebenslagen, in Kriegen oder sonstigen komplizierten Situationen. Drei Frauen und elf Männer schützen in diesen Notlagen. In der katholischen Kirche werden sie als Schutzpatrone im Gebet angerufen, in der evangelischen Kirche gelten sie als Vorbilder. In Königstein, das überwiegend katholisch ist, finden heute noch regelmäßig Kreuzweg-Andachten statt. Jedes Jahr am Karfreitag führt eine kirchliche »Wanderung« den Romberg hinauf an den Stationen vorbei.

Die Votivsteine wurden vom früheren Schulrektor Johann Eschborn im Auftrag seines Schwiegervaters aufgestellt. Der hatte zuvor von einem verhinderten Unfall von Holzarbeitern gehört, die in ihrer Not die vierzehn Nothelfer um Hilfe gebeten hatten.

Adresse Speckerhohlweg, 61462 Königstein im Taunus | **Anfahrt** B 455 von Kronberg oder Eppstein nach Königstein, über die Le-Cannet-Rocheville-Straße links in die Theresenstraße, dieser folgen bis zum Ölmühlweg, dann rechts in den Speckerhohlweg zur Kapelle und weiter in den Wald hochlaufen | **Tipp** In der Villa Andrae am Gaisberg oberhalb von Königstein hatte einst der Immobilienunternehmer Jürgen Schneider sein Imperium.

72 Der Ziegeleipark

Zeit, zu wachsen

Hier am Rande von Kriftel, wo sich einst eine Ziegelei befand, wurde ein Park angelegt. Noch ist die Anlage gut zu überblicken, denn es braucht noch ein wenig Zeit, bis alles gewachsen ist. Dafür bieten sich hier aber sensationelle Ausblicke in Richtung der Skyline von Frankfurt und auf unzählige Telegrafenmasten. Die Gemeinde Kriftel ist bekannt für den Obstanbau und wird zuweilen als »Obstgarten des Vordertaunus« bezeichnet.

Der Ziegeleipark befindet sich im Norden an der Kreisstraße 822. Direkt daneben liegen ein Neubaugebiet und eine Reihe von Parkplätzen. Das Fundament des Parks bildet eine ehemalige Tongrube, die von 1905 bis zum Ende der 1960er Jahre das Material für die frühere Ziegelei lieferte. Eine Ziegelmauer und verschiedene Ziegelsteine im Park verdeutlichen dem Besucher die Vergangenheit. Hier wurde hart gearbeitet, Ton abgebaut, verarbeitet, gebrannt, geschleppt und abtransportiert. Auf einigen Schwarz-Weiß-Fotos sind vor allem gestählte Arbeiter zu sehen, aber auch die Ziegeleigebäude oder Geräte für den Transport.

Heute ist das Gelände wesentlich lieblicher. Kindern wird der Irrgarten gefallen oder die tierähnlich geschnittenen Büsche am Weg. Für Erwachsene sind die Terrassengärten mit Wildrosen sehenswert und die Blicke vom Aussichtspavillon in den Taunus und nach Frankfurt. Der in Kriftel ansässige Künstler Rocco Barone schuf die unübersehbare Skulptur »Trio«, die aus aufeinandergestapelten Holzblöcken besteht. Der italienische Künstler hat Kriftel zu seiner Wahlheimat gemacht und lebt und lehrt hier seit 1975. Mit der Skulptur, die 2006 fertiggestellt wurde, will der Künstler zeigen, wie sich die Türme harmonisch in die Landschaft einfügen. Sie stehen für Gemeinschaft und sollen zugleich Völkerverständigung symbolisieren. Auf jeden Fall sind sie nicht zu übersehen, und die Parkanlage ist ruhig und beschaulich. Sie gehört zur geplanten Regionalparkroute vom Main in den Taunus.

Adresse Ziegeleiweg, 65830 Kriftel, www.kriftel.de | **Anfahrt** A 66 Richtung Hofheim-Nord, von der Hofheimer Straße auf die Frankfurter Straße und dann links in den Ziegeleiweg; oder von Hofheim kommend über die Hattersheimer Straße und der Kapellenstraße folgen, bis diese zur Frankfurter Straße wird, dann rechts in den Ziegeleiweg | **Öffnungszeiten** jederzeit zugänglich | **Tipp** Nicht weit entfernt Richtung Hofheim befindet sich eine andere Familienattraktion. Es ist das Backhaus Heislitz mit Schaubäckerei, Drive-in und Café in der Kapellenstraße 39–41 in Kriftel.

73 Der Äppelwoi-Brunnen

Von der Thäler Kerb

Der Äppelwoi oder Apfelwein gehört nach Hessen wie das Bier nach Bayern oder der Korn in den Norden. Vor allem in und um Frankfurt herum ist das Getränk äußerst beliebt. So auch im Taunus. Kronberg hat aus Liebe zu diesem Getränk einen Apfelwein-Brunnen in der Steinstraße errichtet.

Genau hier in der Straße findet alljährlich immer am ersten Dienstag und Mittwoch im Juni die Thäler Kerb statt. Der Kronberger Fanfarenzug leitet den Festzug, die Laienspielschar und andere Musiker sorgen für Unterhaltung, und es wird ein Kerbebaum aufgestellt. Seit 1967 hat sich diese Tradition eingebürgert und lockt unzählige Kronberger und Neugierige an. Es werden Stände aufgebaut und natürlich Bier und Apfelwein ausgeschenkt. Dazu gibt es Brat- und Rindswurst. Die Thäler Kerb ist eine Tradition, die seit 1967 in Kronberg wiederbelebt wurde. Es wird in jedem Jahr ein eigener Bürgermeister gewählt und eine Miss Bembel. Die Dame darf sich ihren eigenen Bembel selbst gestalten, sodass es inzwischen 50 Unikate der vergangenen Feiern gibt – weltweit einzigartig! Die beiden stehen für den Verein zwar schon fest, doch bleibt es für den Rest der Besucher bis zur Feier ein Geheimnis, wer das Thäler Pärchen wird. Erst dann dürfen sie den neuen Amtsinhabern zujubeln und Äppelwoi gratis bis zum Abwinken trinken. Der fließt dann ausnahmsweise aus dem Apfelwein-Brunnen.

Gestiftet wurde dieser vom Thäler Kerbe Verein und dem Aktionskreis Lebenswerte Altstadt. Geschaffen hat ihn der Kronberger Steinmetz- und Steinbildhauermeister Dieter Uhlemann; der Werdegang das Weins von der Blüte über die Frucht bis zum Saft ist symbolisch dargestellt. Die verschiedenen Schritte des Fertigungsprozesses wurden von Uhlemann in Sandstein gemeißelt und auf einem Sockel in Gestalt eines Apfelweinglases verewigt. Er ziert nun die Hauptstraße der Kerb. An beiden Tagen im Juni fließt hier das »Stöffche« direkt in die »Bembel«, womit Steinkrüge für den Wein gemeint sind.

Adresse Steinstraße (neben dem Treppenaufgang), 61476 Kronberg im Taunus | **Anfahrt** von der B 455 aus Königstein in die Königsteiner Straße, dann Friedrich-Ebert-Straße bis zur Pferdstraße rechts und dann wieder rechts | **Tipp** Auch in anderen Orten wird Kerb gefeiert. So zum Beispiel in Friedrichsthal mit Kerbebaum, Tanz und »Gickelschmiss« oder in Pfaffenwiesbach mit Familienprogramm.

74_Die Laternen

Leuchtende Scherenschnitte

Nicht nur in Büchern oder auf Bildern sind alte Erzählungen, Sagen und Anekdoten dokumentiert. Zuweilen finden sie sich auch auf ungewöhnlichen Medien und werden anders als gewohnt vorgetragen. So in Kronberg, wo eine ganze Reihe von Laternen mit Scherenschnitten von legendären Begebenheiten oder Personen aus der Vergangenheit gestaltet und verziert wurden. Der Künstler und Puppenspieler Albert Völkl, der sich in der Region eigentlich gar nicht so gut auskennt, hat die Scherenschnitte angefertigt.

Die ursprüngliche Idee stammt aus Heppenheim, wo er bereits rund 80 Laternen mit Motiven aus hessischen Sagen gestaltete. So ist in Kronberg der Altkönig zu finden, um den sich einige der Mythen ranken. Aber auch Pfarrer Christ, der nicht zuletzt für den Anbau von Obst in den nahe gelegenen Streuobstwiesen verantwortlich war und Obst und Bienenzucht als seine zusätzlichen Passionen ansah. Oder der Apotheker Neubronner, dessen Apotheke sich bereits seit 1808 in der Streitkirche befindet. Es gibt Szenen aus der Schlacht von Kronberg im 14. Jahrhundert, vom Kirchenstreit, aus dem Wirtshaus oder von alten Handwerkern und Nachwächtern. Ebenso finden sich Märchendarstelllungen wie »Die sieben Brüder«. Insgesamt sind in Kronberg fast 50 Laternen mit Scherenschnitten verziert. Sie finden sich an Wegen und Straßenecken in der verwinkelten Altstadt. Die Auswahl hat das Kulturamt getroffen, die Umsetzung lag beim Künstler.

Spielerisch dargestellt werden die Kronberger Szenen seit einiger Zeit durch eine Gruppe von Laienspielern. In szenischen Führungen erzählen sie von schreienden Marktfrauen, kämpfenden Rittern oder diskutierenden Pfarrern. In den Monaten März bis Oktober führen bei Dunkelheit Nachtwächter interessierte Gäste über den Laternenweg und schildern, was sich hier einst zugetragen hat. Die Führung ist für Einheimische und Fremde gleichermaßen interessant und anders!

Adresse Treffpunkt Recepturhof, Friedrich-Ebert-Straße 6, 61476 Kronberg im Taunus | **Anfahrt** von der B 455 aus Königstein in die Königsteiner Straße und dann Friedrich-Ebert-Straße; Standort Pfarrer-Christ-Laterne: Doppesstraße (hinter der Kirche Sankt Johann) | **Öffnungszeiten** Termine unter www.kronberger-laienspielschar.de/laternenweg.html | **Tipp** Im Viktoriapark befindet sich das Pfingst-Börnchen. Eine ummauerte Quelle nahe der Hainstraße, aus der angeblich der Klapperstorch die Kronberger Kinder holt.

75_Der Schneewittchensarg

Und andere Elektrogeräte

Meterlange weiße Regale präsentieren die Designgeschichte einer bekannten Firma aus Hessen und zugleich die Entwicklung auf dem Markt der Elektrogeräte. Diese Regale befinden sich im ersten Stock des Westerbach-Centers in Kronberg, wo 2014 die Dauerausstellung der Braun-Sammlung eröffnet wurde. Auf 350 Quadratmetern Ausstellungsfläche werden Mixer, Rasierapparate, Radios und andere elektronische Geräte der Firma gezeigt. Die Firma Braun gibt es nicht mehr, sie wurde längst von Procter & Gamble übernommen. Aber den Schneewittchensarg gibt es immer noch. Er steht hier im Museum, gilt als Sammlerstück und erzählt ein wenig von der Designgeschichte des Unternehmens.

Bei dem vermeintlichen Erdmöbel handelt es sich um den Phonosuper SK 4, eine Kombination aus Röhrenradio und Plattenspieler. Diese befindet sich in einem Gehäuse aus Metall und Holz, das mit einem durchsichtigen Acrylglasdeckel geschlossen wird. Diese Abdeckung brachte dem Gerät den Spitznamen »Schneewittchensarg« ein. Entworfen hatten das Gerät Hans Gugelot und Dieter Rams in den 1950er Jahren. Es war eines der ersten Braun-Produkte, das das neue Design der Firma präsentierte. Plexiglas war damals ganz neu auf dem Markt, und Gugelot hielt es nur für eine Modeerscheinung. Die Bezeichnung Schneewittchensarg war deshalb eher abwertend gemeint, am Erfolg des Produktes konnte sie jedoch nichts ändern. Genauso wie am Erfolg der folgenden, für damalige Zeiten innovativen Produkte.

Von denen gibt es fast 1.000 Exponate in der Braun-Sammlung zu sehen: Rasierapparate, Haushaltsgeräte, Haar- und Mundpflegeprodukte, Uhren und anderes chronologisch dargestellt. Ein wenig Zeitgeschichte erlebt man hier, dazu die 90-jährige Unternehmensentwicklung, die mit Max Braun und seinem Treibriemenverbinder begann. Es ist eine sehr ansprechende Ausstellung, die geordnet und strukturiert die Entwicklung der Marke vergegenwärtigt.

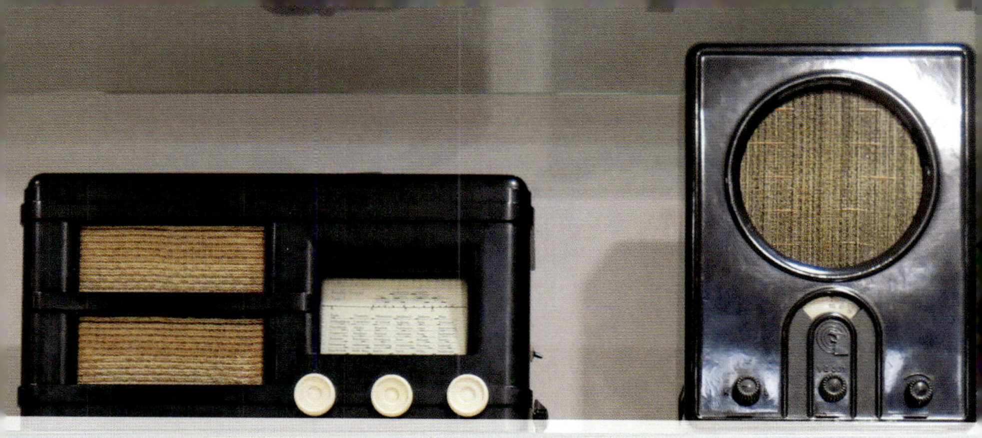

Adresse Förderkreis BraunSammlung e.V., WesterbachCenter, Westerbachstraße 23c, 61476 Kronberg im Taunus, Tel. 06173/302188 | **Anfahrt** am Ortseingang Kronberg an der ersten Ampel rechts abbiegen und dann nach circa 50 Metern wieder rechts in die Westerbachstraße | **Öffnungszeiten** Di–So 11–17 Uhr | **Tipp** Im Gewerbegebiet von Neu-Anspach (Siemensstraße 5) befindet sich eine Möbel-Manufaktur, die sich auf runde Einrichtungsgegenstände spezialisiert hat. Al-Round baut Tische, Schränke und Regale. Es gibt einen Showroom, und Besucher dürfen vorbeikommen.

76 Die Streitkirche

Entwicklung der Luftbildfotografie

Fast 30 Jahre lang wurde in Kronberg um das Gebäude in der Friedrich-Ebert-Straße gestritten. Es ging um Glaubensfragen und Machtkämpfe zwischen katholischer und lutherischer Kirche. Zuerst sollte eine katholische Kirche entstehen, doch der Bau einer katholischen Kirche inmitten einer evangelischen Stadt, dazu noch in unmittelbarer Nähe zur Johanniskirche und größer als diese, führte zu Auseinandersetzungen. Es ging lange hin und her. Das Ergebnis war schließlich alles andere als ein Gotteshaus. Der Name Streitkirche aber stand fest. Mitte des 18. Jahrhunderts entschied der damalige Mainzer Erzbischof, dass der Turm abgerissen werden sollte und das Gebäude fortan nur noch zivilen Zwecken dienen durfte. Aus der Kirche wurde ein Gasthaus, dann ein Lazarett, ein Pferdestall und schließlich eine Apotheke und ein Wohnhaus. Die Familie des Apothekers Julius Neubronner zog 1891 ein.

Julius Neubronner war ein einfallsreicher Kopf, zudem ein begeisterter Amateurfotograf, der bereits als Jugendlicher herumexperimentierte. Als er jedoch in die Fußstapfen seines Vaters Wilhelm trat und die Apotheke in Kronberg übernahm, überlegte er, wie er seine Medikamente schneller befördern könnte. Der Vater hatte bereits Brieftauben für den Transport von Medikamenten genutzt. Julius Neubronner baute die Idee aus und ließ sich auf diese Weise dringend benötigte Chemikalien aus Frankfurt »herfliegen« und ins damalige Sanatorium Falkenstein (heute Grandhotel Kempinski) bringen. Die Brieftauben machte er sich auch für seine Fotoleidenschaft zunutze: Mit Hilfe der Vögel und leichten, zeitgesteuerten Miniaturkameras fertigte er Luftbildfotografien an und wurde dadurch international bekannt und mehrfach ausgezeichnet.

In den ehemaligen Wohnräumen der Apothekerfamilie im ersten Obergeschoss befindet sich heute das Museum der Kronberger Malerkolonie. Die Familie war befreundet mit den Künstlern und förderte die Vereinigung (um Anton Burger und Jakob Fürchtegott Dielmann).

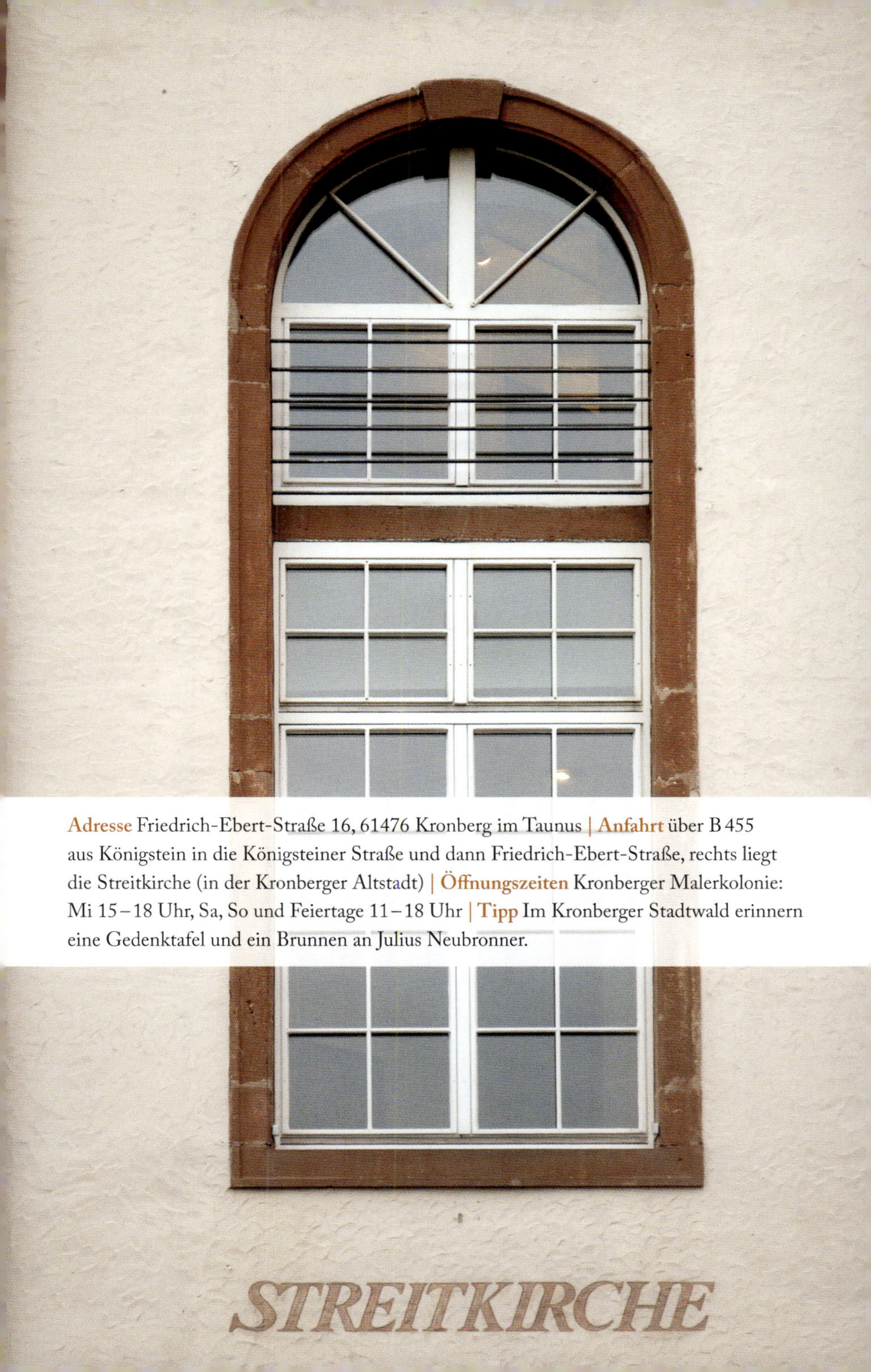

Adresse Friedrich-Ebert-Straße 16, 61476 Kronberg im Taunus | **Anfahrt** über B 455 aus Königstein in die Königsteiner Straße und dann Friedrich-Ebert-Straße, rechts liegt die Streitkirche (in der Kronberger Altstadt) | **Öffnungszeiten** Kronberger Malerkolonie: Mi 15 – 18 Uhr, Sa, So und Feiertage 11 – 18 Uhr | **Tipp** Im Kronberger Stadtwald erinnern eine Gedenktafel und ein Brunnen an Julius Neubronner.

77_Die Urne

Ungewöhnliche Ruhestätte

In der Außenmauer des Kronberger Rathauses befinden sich die sterblichen Überreste eines bekannten Ehrenbürgers der Stadt. Die Urne des am 25. Januar 1965 in London verstorbenen Moritz Julius Bonn wurde zweieinhalb Wochen später in der ehemaligen Villa der Familie bestattet und mit einer Gedenkplatte verschlossen. Das war sein eigener Wunsch. Hier in Kronberg hatte die Frankfurter Familie ihr Wochenend- und Feriendomizil errichtet, Eltern und Kinder liebten diesen Ort im Taunus. Seine Großeltern Baruch und Betty Bonn hatten sich den Sommersitz bauen lassen; die ganze Familie mit Anhang ging hier ein und aus und verlebte an den Wochenenden und in den Sommermonaten unbeschwerte Stunden, bevor sie aus Deutschland emigrieren musste. Er selbst kehrte 1951 nach Kronberg zurück, um die Vergangenheit noch einmal aufleben zu lassen und sich von seiner Jugendzeit endgültig zu verabschieden.

Kronberg spielte immer eine wichtige Rolle in Bonns Leben. 1891 hielt er hier seine erste öffentliche Rede. Die Familie hatte der Stadt gerade ein Versorgungshaus geschenkt; aus Dankbarkeit wurde ihr zu Ehren ein Ständchen gespielt. Onkel und Vettern der Familie waren zu schüchtern, um sich in aller Öffentlichkeit zu bedanken, sodass der damals 18-Jährige schließlich die Rede hielt. Moritz Julius Bonn wurde ein angesehener Nationalökonom, und sein Beruf verschlug ihn in die unterschiedlichsten Städte. In England lebte er bis zu seinem Tod, obwohl er sich fremd fühlte. In Kronberg hatte er vermutlich glückliche Tage verbracht, weshalb er hier seine letzte Ruhe finden wollte.

Die Villa Bonn ist während der Öffnungszeiten des Rathauses zugänglich und gewährt einen Einblick in das großbürgerliche Leben um die Jahrhundertwende. Bereits der Eingangsbereich mit der Pförtnerloge, dem Treppenhaus und den Fenstern vermittelt, wie wohlhabend diese Familie gewesen sein muss.

Adresse Rathaus der Stadt Kronberg, Katharinenstraße 7, 61476 Kronberg im Taunus, Tel. 06173/7030, stadt@kronberg.de, www.kronberg.de | **Anfahrt** von der B 455 aus Königstein in die Königsteiner Straße und dann Friedrich-Ebert-Straße folgen bis zur Katharinenstraße rechts | **Öffnungszeiten** Mo–Fr 8–12 Uhr | **Tipp** Einen Abstecher wert ist das nicht weit entfernte Kronthal. Hier liegen Mineralquellen, und es ist landschaftlich schön.

78__Der Weg

Philosophieren mit Tieren

Philosophenwege gibt es nicht nur im Taunus, sondern auch in anderen Gegenden, wo es besonders idyllisch und schön ist. Der Philosophenweg zwischen Kronberg und Königstein unterscheidet sich jedoch von allen anderen gleichnamigen Fußwegen. Es ist der einzige Weg, der direkt an den Gehegen von Giraffen vorbeiführt und den Opel-Zoo durchkreuzt.

Von Kronberg aus führt der Weg am Ende der Altstadt an vereinzelten Häusern vorbei mit Blicken über die Wälder und in die Täler. Nach einigen hundert Metern wird es einsamer und die Abstände zwischen den Wohnhäusern größer. Vereinzelt führen Wege rechts vom Hang weg. Dann kommt ein Hinweisschild auf den Opel-Zoo; einige Schritte weiter steht da plötzlich eine Giraffe und pflückt Blätter von den Baumkronen. Noch ist es so, doch geplant ist, den Philosophenweg zum Bestandteil des Zoos werden zu lassen. Der Opel-Zoo ist der einzige private Zoo des Taunus. Er wurde von Georg von Opel eigentlich zu Forschungszwecken gegründet. Inzwischen gehört er zu den meistbesuchten Freizeiteinrichtungen in Hessen. Jedes Jahr kommen rund 750.000 Besucher hierher – nicht nur zum Philosophieren, sondern auch wegen den Elefanten, die besonders beliebt sind.

Ein Weg zum Philosophieren, Flanieren, Spazieren, Schauen und Staunen. Nicht nur Philosophen durchqueren bislang auf diesem Weg den Opel-Zoo und begucken Tiere, ohne zu zahlen. Das führte zu einigen Diskussionen zwischen den Bürgermeistern von Kronberg und Königstein und dem Zoodirektor. Nun soll ein Rundweg um den Zoo gebaut werden – möglicherweise dort, wo der Weg von Kronberg kommend aufs Gelände trifft. Über eine Erlebnisbrücke für Wanderer und Spaziergänger wird nachgedacht, und in Höhe des neuen Elefantengeländes sollen Einblicke und Ausblicke integriert werden. Nur wie die Zoobesucher ohne erneutes Vorzeigen der Eintrittskarten über den Philosophenweg kommen, ist nicht endgültig geklärt.

Adresse Philosophenweg, 61476 Kronberg im Taunus (Beginn von der Eichenstraße kommend) | **Anfahrt** von der B 455 aus Königstein in die Königsteiner Straße und gleich rechts in die Eichenstraße, die erste Straße rechts ist der Philosophenweg | **Tipp** In Weilburg gibt es den Wildpark »Tiergarten Weilburg«. Hier wurde bereits im 16. Jahrhundert Damwild gehalten, und schon das Gelände ist ein landschaftliches Erlebnis.

79 Das Bahá'í-Haus

Ufo in der Landschaft

In Langenhain ist vor mehreren Jahren eine Art Ufo auf Spinnenbeinen gelandet. Mitten auf einem Hügel, zwischen Wiesen und Feldern. Einige Meter entfernt stehen die Häuser der Langenhainer. Das seltsame Gebilde ist das einzige Bahá'í-Haus in Deutschland und im gesamten Europa. Es ist ein Haus der Andacht, dessen Türen für alle Menschen – egal, welcher Ethnie oder Religion – offen stehen. Es wurde den drei Wahrheiten des Bahá'í-Glaubens geweiht: der Einheit Gottes, seiner Offenbarer und der Menschen.

Doch warum durfte ausgerechnet hier vor inzwischen mehr als 50 Jahren dieses Ufo landen? Vorab gab es einigen Streit, denn die Anwohner wollten nicht einfach den eigenen Glauben aufgeben oder verraten und schon gar nicht das passende Grundstück hergeben. Ein ehemaliger Bürgermeister löste schließlich das Problem, kaufte das Land von einem Bauern und verkaufte es den Bahá'í. Er sah darin eine Chance für die Gemeinde und nutzte die Abwesenheit seines Vorgesetzten für die Zusage.

1964 wurde das Gebäude eingeweiht. Die Konstruktion hatte sich ein Architekturstudent ausgedacht und damit einen internationalen Wettbewerb gewonnen. Der Bau ist 28 Meter hoch und hat neun Zugänge, sodass die Gläubigen aus allen Richtungen kommen können. Unter einer ellipsenförmigen Kuppel fällt das Tageslicht durch die vielen verglasten Öffnungen. Das seltsame Gebäude gehört inzwischen zu Hessens Kulturdenkmälern und hat dem kleinen Ort Langenhain zu ein wenig Berühmtheit und Trubel verholfen. Einige Langenhainer haben sich sogar ihren eigenen Tempel in den Garten gestellt. Es gibt inzwischen einen Austausch mit anderen Kirchengemeinden in Hofheim, die Bahá'í werden geschätzt, und sie gehören zum Dorf. Die Menschen, die hierherkommen, finden Ruhe und Andacht. Nichts lenkt hier ab – es sei denn, Wiesen, Felder und Weite machen einen unruhig. Definitiv ein wunderbarer Platz für die innere Einkehr.

Adresse Bahá'í-Gemeinde in Deutschland, Eppsteiner Straße 89, 65719 Hofheim-Langenhain, Tel. 06192/99290, info@bahai.de | Anfahrt von der A 66 über die L 3011 Richtung Lorsbach, links Richtung Langenhain (L 3368) und dann rechts in die Eppsteiner Straße | Öffnungszeiten Besucher- und Informationszentrum Di – Sa 9 – 12.30 und 14 – 18 Uhr, So 9 – 18 Uhr | Tipp In Kröffelbach gibt es eine andere religiöse Sehenswürdigkeit: ein koptisches Kloster, in dem nur einige Mönche leben. Es ist die erste Kirche Europas im koptischen Stil und zugleich Zentrum der koptischen Christen Deutschlands.

80__Der Bunker

Wo Hitler Quartier bezog

Der Bunker ist kaum noch zu erkennen. Pflanzen ranken sich darum, allmählich wächst er zu. Auch die eiserne Tür ist verschlossen und von Unkraut umwuchert. Oberhalb des Bunkers liegt auf einem Felsen erhaben Schloss Ziegenberg. Es ist wieder in Privatbesitz und nicht zugänglich. Sicher hat man von oben eine gute Sicht und einen idealen Überblick. Kein Wunder also, dass sich im Zweiten Weltkrieg Adolf Hitler die Anlage als Führerhauptquartier aussuchte. Mit dem Schloss war er nicht einverstanden, mit der versteckten Lage aber durchaus.

Zum Führerhauptquartier Adlerhorst gehörte ein ganzer Bunkerkomplex, der zwischen September 1939 und August 1940 gebaut wurde. Dazu gehörten die Schlösser Kransberg und Ziegenberg sowie die Bunker in Kransberg, in Langenhain-Ziegenberg und der heutigen Siedlung Wiesental. Der gesamte Komplex war für Hitler und seinen militärischen Stab gedacht. Albert Speer war Architekt, denn er hatte sich da bereits zum Lieblingsplaner des »Führers« entwickelt. Hier sollte der »Adlerhorst« entstehen, denn der Taunus mit seiner hügeligen Landschaft und den Wäldern war eine perfekte Tarnung für die Anlage. Selbst aus der Luft waren die Bunker nur schwer auszumachen.

In kurzer Zeit hatten mehrere tausend Arbeiter den Bau vorangetrieben. Sie lebten in Lagern, von denen noch Spuren zu finden sind (westlich der Brücke über die Usa, gegenüber von Schloss Ziegenberg, ist zum Beispiel noch eine Treppe zu sehen). Als Hitler die Pläne zum ersten Mal sah, soll er nicht begeistert gewesen sein. Er wollte in Kriegszeiten nicht in einem Schloss untergebracht werden. Es dauerte auch einige Jahre, bis er hier selbst Quartier bezog: Im Dezember 1944 traf er ein, und auch eine Rundfunkansprache von ihm wurde hier aufgenommen. In Wiesental gab es obendrein Gebäude, die als Kasino, Pressehaus oder Wachhaus dienten. Hitler fuhr bald nach Berlin zurück, denn der Krieg neigte sich dem Ende zu.

Adresse Schlossstraße 1, 61239 Ober-Mörlen | **Anfahrt** von der B 274 zwischen Bad Nauheim und Usingen auf die Schlossstraße abbiegen, an der Ecke befinden sich die Bunker und oberhalb das Schloss | **Tipp** Schloss Kransberg ist nicht weit entfernt und gehörte zu dem einstigen Quartier. Hier werden heute Feiern, Konzerte und Tagungen durchgeführt. Sonst ist es aber einsam hier, das Schloss von einer hohen Mauer und einem Zaun umgeben. Ein riesiger Hund schlägt an, sobald man in die Nähe kommt. Etwas unheimlich!

81 Das Lichthäuschen

Mini-Museum

Noch ist ungewiss, was zukünftig mit dem Lichthäuschen in Laubuseschbach passieren soll – vielleicht zwei bis drei Aktionen jährlich, im Winter sicher gar nichts. Der Eigentümer Markus Balbach hat mehrere Jahre Ausstellungen hier durchgeführt, Ausstellungen, die von Menschen aus der Region gestaltet wurden und auch einige Interessenten angezogen haben. Er hat den ehemaligen Transformatorenturm gekauft, weil er fand, dass er zu Laubuseschbach gehört und nicht einfach verschwinden sollte. Balbach selbst lebt und arbeitet schon seit 1991 im Ort. Seine ursprünglich aus dem Sauerland stammende Familie betreibt eine Kunstschmiede, und er hat sich hier mit einer Firma primär zur Herstellung von Verbundstoffen niedergelassen. Der Transformatorenturm aus dem Jahr 1947 hatte es ihm angetan. Darin wurde jahrzehntelang Volt in gebrauchsfertigen Strom umgewandelt. Als dieser nicht mehr benötigt wurde, wollte der Stromanbieter das Häuschen abreißen. Das konnte Balbach mit dem Kauf letztendlich verhindern.

Stattdessen zog eines der wohl kleinsten Museen Deutschlands, wenn nicht gar weltweit, hier ein. Mit 4,8 Quadratmetern Ausstellungsfläche führt es seit 2003 die Liste der Winzlinge unter den Galerien an. Nur in Wolfsburg steht ein noch kleineres, das eigentlich nur ein Guckkasten ist. In Jülich gibt es eine alte Telefonzelle, die inzwischen durch die Lande zieht, und im Hessischen gibt es auf der Wasserburg Aue eine Fläche von gerade mal zwei Quadratmetern für Kunst.

In Laubuseschbach wurden in den letzten Jahren Ausstellungen zur Elektrifizierung auf dem Land oder alte Modelleisenbahnen genauso wie der Weg vom Erz zum Eisen gezeigt. Außerdem hatten Künstler hier die Möglichkeit, Bilder und Skulpturen zu präsentieren. In kleinen Workshops gab es Angebote für Kinder und Erwachsene. Bereits im ersten Jahr kamen 350 Besucher. Doch die Ausstellungen und Workshops verlangen Zeit und Engagement. Wie es weitergeht, ist auf der Website zu lesen.

Adresse Lichthäuschen Laubuseschbach, Laubusstraße, 35789 Weilmünster, Tel. 06475/8191, www.laubuseschbach.info | **Anfahrt** von Weilmünster über die L 3054 Richtung Wolfenhausen, die L 3054 heißt dort Laubusstraße | **Öffnungszeiten** stehen noch nicht fest (bisher jeden letzten Sonntag im Monat 14–16 Uhr), Eintritt frei | **Tipp** Laubuseschbach hat auch noch ein Dorfmuseum. Hier sind vor allem Ausstellungsstücke aus dem Ort, die von den Einwohnern gestiftet wurden, zu sehen (Einrichtungsgegenstände, Handwerkszeug, Gastwirtschaftsgegenstände).

82_Das eigene Dorf

Und der Bierkönig

Er war der Bierkönig und der größte Bierfabrikant der ganzen Welt. Und ausgerechnet in dem kleinen Dorf Lindschied, das heute zu Bad Schwalbach gehört, ließ er sich zur Sommerfrische nieder. Ein ganzes Dorf ließ Adolphus Busch hier im Taunus erbauen. Zuerst die Villa Lilly zu Ehren seiner Frau, dann weitere Gebäude wie das Haus Claire oder kleinere Häuser für das Personal.

Adolphus Busch hatte zwar in Amerika sein Glück gesucht und gefunden, doch seine Wurzeln lagen in Hessen: Er stammte aus Kastel bei Mainz, war eins von 22 Kindern und hatte sich als 18-Jähriger gemeinsam mit drei Brüdern auf die Reise in die große weite Welt gemacht. In St. Louis fasste er Fuß, gründete ein Unternehmen, lernte seine Frau Lilly Anheuser kennen, stieg in den Brauereibetrieb der Schwiegereltern ein und machte daraus den größten Bierkonzern der Welt – Anheuser und Busch. Jedes Jahr kam er im Sommer in den Taunus und verbrachte mit seiner Familie die Ferien auf seinem Grundstück bei Bad Schwalbach. Von hier bereiste er Deutschland mit einem eigens eingeführten Salonwagen. Kulturelle und geschäftliche Termine nahm er in der Heimat wahr. Er verstarb in der Villa Lilly, wurde jedoch nach St. Louis in ein eigens errichtetes Mausoleum überführt. Nach seinem Tod hatte das Anwesen unterschiedliche Eigentümer und Funktionen. Im Haus Claire soll die erste Ausgabe der Satirezeitschrift »Titanic« entworfen worden sein. Auch diente es als Müttergenesungswerk und Unterkunft für amerikanische Soldaten, bis es zu einer sozialen Einrichtung umfunktioniert wurde. Es ist äußerst idyllisch hier, und Spaziergänge über die Höhen von Bad Schwalbach laden ein, sich einen Eindruck vom Dorf des Bierkönigs zu machen.

Das gesamte Areal umfasst 39 Hektar Land. Heute befindet sich dort ein Therapiezentrum, in dem suchtkranke Menschen arbeiten und leben. Deshalb ist es für Besucher nicht zugänglich.

Adresse Therapiedorf Villa Lilly, Adolphus-Busch-Allee, 65307 Bad Schwalbach, Tel. 06124/70080 | **Anfahrt** von Bad Schwalbach über die B 275 Richtung Adolphseck und dann links Steinstraße Richtung Lindschied, Beschilderung »Therapiedorf« folgen | **Öffnungszeiten** Das Gelände kann nur nach Absprache begangen werden. Einmal im Jahr (oder alle zwei Jahre) gibt es öffentliche Führungen, die von der Villa Lilly angeboten werden. Das Gelände ist aber auch von außen anzuschauen. | **Tipp** Im Apotheker-Museum von Bad Schwalbach (Pestalozzistraße 16a, 65307 Bad Schwalbach) gibt es eine Vitrine, die im Zusammenhang mit Adolphus Busch steht. Öffnungszeiten: Mi, Sa und So von 14–18 Uhr.

83 Die Wiege

Wo Halunken wohnten

Miehlen ist ein winziger Ort mit 2.000 Einwohnern im Lahn-Taunus-Kreis. Durchzogen von einem schmalen Bach, dem Mühlbach, ist es hier ruhig, beschaulich und unspektakulär. Wenn da nicht dieses eine kleine Fachwerkhaus wäre, das ein ganz anderes Licht auf die Gegend wirft. In diesem Haus stand vor langer Zeit die Wiege des einst berühmtesten Verbrechers des Landes: Es ist das Geburtshaus des Schinderhannes. In Wirklichkeit jedoch hieß dieser Johannes Bückler, lebte vermutlich von 1779 bis 1803 und trieb sein Unwesen schon in jungen Jahren und weit über den Taunus hinaus. Seinen Namen verdankt er der Lehrzeit bei zwei Abdeckern. Abdecker wurden damals auch Schinder genannt, sodass aus Johannes Bückler der Schinderhannes wurde.

Die Karriere als Räuber begann er bereits mit 15 Jahren. Im Laufe seines Lebens brachte er es auf unzählige Verbrechen und wurde der Anführer von rund 100 anderen Räubern. Der kriminellen Bande wurden vor allem Raubüberfälle, Erpressungen und Diebstähle vorgeworfen. Die Orte des Geschehens sind inzwischen zu Sehenswürdigkeiten geworden; es gibt Pfade, Touren und Festspiele ihm zu Ehren – oder vielleicht besser: in Erinnerung an seine Schandtaten. Der Schinderhannes war eine so schillernde und freche Erscheinung, dass es den Menschen die Sprache verschlug und bis heute Stoff für Geschichten liefert.

Aus Miehlen stammte seine Mutter, eine geborene Schmidt. Als der kleine Johannes gerade mal vier Jahre alt war, mussten sie und ihr Gatte 1783 aus dem Dorf fliehen. Wäsche- und Holzdiebstahl wurde ihnen vorgeworfen. Bis heute ist noch nicht endgültig und ohne Zweifel geklärt, ob das Geburtshaus in Miehlen oder vielleicht doch in Weidenbach steht. Zumindest wurde seine Geburt im Miehlener Kirchenbuch vermerkt und ein Schild an dem winzigen Fachwerkhaus angebracht, das wenig Zweifel lässt: »Hier stand die Wiege des Schinderhannes!«.

Adresse Hauptstraße 60, 56357 Miehlen | **Anfahrt** von Bad Schwalbach über die B 260 Richtung Nastätten und dann über die L 355 nach Miehlen | **Öffnungszeiten** Heute befindet sich in dem Gebäude die Gemeindebücherei. Während der Öffnungszeiten Di 16–18 Uhr und Fr 17–19 Uhr kann das Haus besichtigt werden. | **Tipp** Miehlen hat noch ein kleines Museum zur Geschichte der Freiwilligen Feuerwehr (die hier seit mehr als 100 Jahren aktiv ist) und natürlich auch einen Schinderhanneswanderweg.

84 Die Bürsten-Manufaktur

Mit 20 Jahren Garantie

In Deutschland gibt es nur noch wenige Bürstenmacher, doch Bürsten wird es auch weiterhin geben, nicht zuletzt durch die industrielle Fertigung. Der Bürstenmacher in Neu-Anspach ist eine Seltenheit. Der Laden liegt neben dem Dorfplatz im Hessenpark. Es ist gratis zugänglich, obwohl er auf dem Gelände des Parks liegt, und dem Besucher bietet sich ein beeindruckender Anblick. Bürsten in allen Variationen, Pinsel, Besen und alles, was sonst noch mit Bürsten versehen ist. Rund 600 verschiedene Exemplare, vom Rasierpinsel bis zum Kehrbesen, sind im Programm – viele davon handgefertigt. Es ist die Arbeit der Familie Hintz, die mittlerweile in der dritten Generation das Handwerk ausübt. Natürliche Materialien sind ihnen am liebsten. Rosshaar, Wildschweinborsten, Dachshaar, Kakteenfasern, Birnbaum- und Olivenholz werden von ihnen verarbeitet. Und sie geben eine Garantie von 20 Jahren.

Es ist die einzige Bürstenmacherei in Hessen, allerdings mit zwei Geschäften. 1950 wurde das Hauptgeschäft in Marburg eröffnet, Neu-Anspach ist eine Filiale. Seit 30 Jahren ist der Sohn des einstigen Firmengründers, Hans-Wilhelm Hintz, mit dem Bürstenmachen beschäftigt. Erst nur als Hobby im väterlichen Betrieb, später fuhr er auf Kunsthandwerkermärkte und fand Gefallen daran.

Inzwischen hat er die Tradition des Bürstenmachens, wie er sie einst vom Vater gelernt hat, an seine Kinder weitergegeben. Die Söhne Florian, Christian und die Tochter Melanie absolvierten zunächst eine Ausbildung, bevor sie sich für das Bürstenmachen als Beruf entschieden und in den Familienbetrieb einstiegen. Der Bürstenmacher ist zwar ein anerkannter Ausbildungsberuf, doch das Interesse daran lässt nach. Immer mehr ursprünglich handgefertigte Bürsten werden heute maschinell hergestellt. Die Familie Hintz fertigt jedoch auch weiter ihre handgemachten Bürsten. Und das zuweilen unter Beobachtung durch Publikum im beliebten Hessenpark.

Adresse Hintz-Bürsten, Laubweg 5, 61267 Neu-Anspach, Tel. 06081/9589986, info@hintz-buersten.de, www.hintz-buersten.de | **ÖPNV** mit der Taunusbahn R15 bis Wehrheim oder Neu-Anspach und dann weiter mit der Buslinie 64 Richtung Neu-Anspach/Anspach beziehungsweise von Neu-Anspach/Anspach Bahnhof mit der Linie 63 Richtung Wehrheim bis zur Haltestelle Hessenpark | **Anfahrt** die Zufahrten zum Hessenpark sind bereits ab der Autobahn A 5 ausgeschildert | **Öffnungszeiten** März–Okt. Mo–Fr 11–18 Uhr, Sa, So 10.30–18 Uhr | **Tipp** Im Hessenpark befindet sich unter anderem auch eine Bäckerei, deren Brot äußerst gut ist.

85 Das Sühnekreuz

Ein brutaler Mord

Skurril erscheint ein Mordkreuz auf einem kirchlichen Grundstück. In Nieder-Mörlen steht es direkt neben der Kirche Maria Himmelfahrt. Es erzählt die Geschichte eines brutalen Mordes, der sich vor mehr als 300 Jahren hier zugetragen hat. Das Kreuz ist aus Stein, schon ein wenig ramponiert, verwittert, geschwärzt, doch es sind noch Teile des darauf eingemeißelten Tathergangs zu entziffern. Ursprünglich stand es zwischen Bad Nauheim und Ostheim, doch als es dem Gleisbau im Wege war, wurde es umgestellt.

Das Kreuz erzählt mit großer Wahrscheinlichkeit die Geschichte von Hermann Henrichs. Er stammte aus Hannover, hatte sich auf die Walz gemacht und war als Sattlergeselle in die Region gekommen, um hier sein Glück zu versuchen und möglichst als reicher Mann in die Heimat zurückzukehren. Doch Hannover sollte er nie wiedersehen, denn er wurde ermordet – heimtückisch und brutal. Am Fuße der Burg von Friedberg, bei den Brückengärten, wurde er überfallen, umgebracht und ausgeraubt. 14 Wunden zeigten, dass es mit allen Mitteln versucht wurde: Einstiche, Einschüsse und Schläge blieben zurück. Über das Motiv wurde gemutmaßt, und es kursierten Gerüchte, doch nachgewiesen werden konnte die Tat niemandem. Drei Stunden soll seine Qual gedauert haben. Der Bad Nauheimer Autor Wilhelm Edel hat sich intensiv mit der Geschichte befasst. Alle historischen Quellen, die er finden konnte, durchforschte er und stellte Mutmaßungen über den Tathergang an. Einige Details blieben im Verborgenen, doch er versuchte sich anhand seiner Ermittlungen ein Bild zu machen und schrieb seine Geschichte über Hermann Henrichs und seine Mörder.

Die Gebrüder Junker von Holzhausen sollen die Mörder gewesen sein, die späteren Burggrafen von Friedberg. So wird die Bluttat wenigstens auf dem gegenüber an der Kirchenwand angebrachten Blechschild aufgeklärt. Verurteilt wurden die Brüder nie, doch jetzt wird zumindest an ein begangenes Unrecht erinnert.

Adresse Maria Himmelfahrt, Nieder-Mörler-Straße 58, 61231 Bad Nauheim | Anfahrt von der A 5 Ausfahrt Ober-Mörlen / Bad Nauheim und von der B 275 gleich rechts abbiegen in die Nieder-Mörler-Straße, auf der rechten Seite befinden sich die Kirche und das Kreuz | Tipp In eine ganz andere Zeit führt die Erdfunkstelle in Usingen-Metzhausen. Ein Hightech-Areal der Fernsehtechnik, das abgesperrt, aber gut einsehbar ist. Ein eindrucksvolles Bild (unzählige Satellitenschüsseln), aber nur auf Anfrage zu besichtigen.

86 Das Naturdenkmal

200 Jahre

Eine 200 Jahre alte Eiche steht neben der Kirche von Niederseelbach. Sie wurde zum Naturdenkmal erkoren und lädt zum Ausruhen und Innehalten ein. Schon lange galten Eichen als Symbol für Leben und im Christentum für ewiges Heil. Rund um den dicken Stamm des Baumes wurde eine Bank gezimmert, sodass hier einige Ruhesuchende Platz finden. Es ist ein sehr schöner Platz am Ortseingang des kleinen Dorfes. Niederseelbach gehört inzwischen zu Niedernhausen, doch der Dorfcharakter ist noch zu spüren. Die alte Eiche steht neben der Johanneskirche auf einem ummauerten, idyllischen Kirchhof. Ein wenig abseits vom Ort, von Wiesen umgeben und in unmittelbarer Nähe zum Daisbach.

Die Kirche ist wesentlich älter als die Eiche; beide zusammen bilden ein malerisches Motiv. An dieser Stelle standen schon vor über 800 Jahren eine Taufkapelle und ein Wehrturm. Einen kleinen Hinweis darauf geben die dicken Mauern, die tief liegenden Fenster und einige Schießscharten. Früher trat der Daisbach häufiger über seine Ufer und setzte den Bau unter Wasser. Der Boden wurde um etwa 1,40 Meter erhöht, und der Bach wurde vor gut 50 Jahren verlegt. Erst seitdem ist das Problem endgültig beseitigt. Die Kirche ist heute evangelisch, war aber seit dem Mittelalter für die Menschen des Seelbacher Grundes religiöser und geistiger Mittelpunkt.

Auf Anfrage kann der trutzige Turm der Kirche bestiegen werden. Dabei können die Glocken und die Umgebung ins Visier genommen werden. Die Glocken wurden bis in die 1990er Jahre von Hand geläutet. Zwei Familien aus dem Ort kümmerten sich mehr als 100 Jahre darum. Seit 1982 gibt es eine neue, große Glocke, die automatisch betrieben wird. Die alte Eiche und die Johanneskirche bleiben aber Symbole für Standfestigkeit und Langlebigkeit. Die sogenannten Friedenseichen wurden erst später (nach dem Deutsch-Französischen Krieg) auch in dieser Region häufig gepflanzt. Sie gelten als Symbol für Einigkeit, Recht und Treue.

Adresse Engenhahner Straße 7, 65527 Niedernhausen | **Anfahrt** A 3 Ausfahrt Idstein, von Idstein über die L 3026 und dann rechts Richtung Oberseelbach in die Oberseelbacher Straße, dann Engenhahner Straße | **Tipp** In Oberursel in der Adenauerallee steht eine Friedenseiche aus dem Jahr 1871 mit einer ausladenden Krone. Und in Bad Soden stehen in Altenhain die Drei Eichen.

87_Die Automobile

Traumautos für Kinder

Den Traum vom eigenen Auto haben sicher die meisten Jungen. In Oberursel wurde dieser Traum für einige Begeisterte schon früh Wirklichkeit, denn es ist der Geburtsort der Kinderautomobilrennen. Im Jahr 1904, kurz nachdem die ersten Motorsportrennen in Deutschland durchgeführt wurden, begannen Kinder genau diese Rennautos nachzubauen – anders als bei Seifenkistenrennen, bei denen tatsächlich Seifenkisten und andere Kartons und Boxen verwendet wurden.

Im ganzen Taunus ging damals das Rennfieber um und zog unzählige Begeisterte an. Der Gordon-Bennett-Cup fand ausgerechnet in der Gegend statt und führte vom Kastell Saalburg über Usingen, Weilburg, Limburg, Idstein und Bad Homburg auch durch Oberursel. Es ist zu vermuten, dass Kaiser Wilhelm II. das Rennen in diese Region brachte oder für diese Region gewann, weil er selbst gern im Landgrafenschloss den Sommer verbrachte. Bis zu eine Million Zuschauer sollen sich auf den Weg gemacht haben, um dabei zu sein. Auch viele Kinder waren fasziniert von den Flitzern und wollten sich ihr eigenes Kinderautomobil bauen und Rennen fahren. Am 3. August 1904 fand während eines Sommerfestes das erste Kinderautomobilrennen mit 16 Teilnehmern statt. Die kleinen Helden in ihren rasenden Kisten sonnten sich damals – genauso wie ihre großen Vorbilder – in ihrem Ruhm.

Im Heimatmuseum von Oberursel stehen einige Exemplare der Kinderautomobile von damals. Ein eigener Raum wurde für die Sammlung eingerichtet. Heute kommen zuweilen die alten Oberurseler ins Museum oder zur Leiterin Renate Messer. Sie erinnern sich gern an diese Zeit und haben noch Relikte zu Hause, von denen inzwischen auch einige im Museum zu sehen sind. Jeder wollte damals mitfahren und gewinnen, es war ein gesellschaftliches Ereignis. Beim Kronberger Rennen im Jahr 1907 waren die vier Prinzen Friedrich Wilhelm, Maximilian, Wolfgang und Philipp von Hessen dabei.

Adresse Vortaunusmuseum, Marktplatz 1, 61440 Oberursel, Tel. 06171/581433, http://www.vortaunusmuseum.de, vortaunusmuseum@t-online.de | **Anfahrt** von der L 3004/Hohemarkstraße oder Feldbergstraße aus kommend am Kreisel in die Eppsteiner Straße, geradeaus bis zum Marktplatz, Museum befindet sich an der Kopfseite | **Öffnungszeiten** Mi 10–17 Uhr, Sa 10–16 Uhr, So 14–17 Uhr und nach Vereinbarung | **Tipp** Im nahe gelegenen Bad Homburg gibt es ein kostenfreies Automuseum. In der Central Garage im Niederstedter Weg 5 sind Autos und eine alte Tankstelle in einem ehemaligen Autohaus zu sehen (Mi–So 12–16.30 Uhr).

88 Die Brennerei

Vom Taunüsschen

Eine Schnapsidee war diejenige mit dem Taunüsschen. Der neueste Likör der Brennerei sollte etwas mit der Region zu tun haben. In freundschaftlicher Runde saß der heutige Brenner und Geschäftsführer Sven Burkhard mit seinen Freunden zusammen und dachte sich einen Namen für das Produkt aus – das »Taunüsschen« war geboren.

Eigentlich sind die gebrannten Schnäpse das Aushängeschild der Brennerei Burkhard. Denn die werden vom eigens dafür auf den Streuobstwiesen der Umgebung angebauten Obst gewonnen. Nur hochwertiges, vollreifes Obst findet handverlesen den Weg in die Brennerei. Im Doppelbrandverfahren hergestellt oder destilliert, werden die edlen Tropfen abgefüllt und bis zu zwei Jahre gelagert. Die Obstbrennerei, die inzwischen in der fünften Generation geführt wird, gibt es seit 1881. In der Oberurseler Weidengasse befindet sich der Verkaufsraum, aber auch ein Showroom, in dem das Brennen live besichtigt werden kann.

Beim »Taunüsschen« handelt es sich um einen Haselnuss-Sahne-Likör, also ein eher untypisches Produkt, dafür ist er aber ideal für die Region. Der Name Taunüsschen klingt ein wenig wie Musik; der Likör tut sein Übriges und beschwingt. Auch der »Orscheler Dry Gin« hat wenig mit einem Obstbrand zu tun, ist aber ein Original und ein Renner. Die Schnäpse und anderen Getränke kommen äußerst gut an und werden qualitativ sehr hoch bewertet. Die Handarbeit des Familienbetriebes zahlt sich offenbar aus. Ob im Anbau, in der Ernte, der Verarbeitung, der Lagerung oder der Auswahl der Zutaten das Geheimnis der Familie liegt, ist nicht feststellbar. Wahrscheinlich ist es eine gelungene Kombination aus der Liebe zur Heimat, Liebe zur Landwirtschaft, zum Land, zur Natur und zum Ort und den Menschen. Seit 2015 wird im Showroom gezeigt, wie die Brennerei funktioniert, und es werden einige Destillate zum Probieren angeboten. Die Führungen müssen vorgebucht werden und sind für Kleingruppen bestimmt.

Adresse Brennerei Burkhard, Weidengasse 8, 61440 Oberursel, Tel. 06171/54634, email@brennerei-burkard.de | Anfahrt von der L 3004/Hohemarkstraße oder Feldbergstraße aus kommend am Kreisel in die Eppsteiner Straße, bis zur Weidengasse | Öffnungszeiten Di–Fr 9–13 und 15–18.30 Uhr, Sa 9–13 Uhr | Tipp Im Kronthal bei Kronberg (Im Kronthal 12–16) befindet sich außerdem die Kelterei Herberth. Hier wird seit Generationen Apfelwein gekeltert – selbstverständlich von den heimischen Streuobstwiesen. Getränkeverkauf, Weingarten und Keltereiausschank gehören zum Angebot.

89 Das Camp King

Erinnerung an die Amerikaner

»Don't look back« heißt das Kunstwerk von Thomas Kilpper vor dem Kinderhaus im Jean-Sauer-Weg. Hier ist ein Erinnerungsort der Zeitgeschichte im Untergeschoss des Kinderhauses entstanden. Der Künstler hat sich an die Geschichte des Camp King etappenweise herangepirscht. Es ist ein riesiges Werk, das nun auf dem Streetballfeld zu sehen ist, ein überdimensionaler Holzschnitt auf Beton.

Das Camp King ist ein geschichtsträchtiger Ort, wenngleich die heutige Siedlung kaum noch Schlüsse auf dessen Vergangenheit zulässt. Hier stehen Siedlungshäuser aus den 1940er Jahren, die architektonisch durchaus reizvoll aufgehübscht wurden, dazwischen dehnen sich immer wieder Grünflächen aus. Im Zweiten Weltkrieg jedoch befand sich hier im nördlichen Teil der Reichssiedlungshof. Einige der anderen Gebäude wurden zur 1. Deutschen Bau- und Siedlungsausstellung in Frankfurt errichtet, dann aber in Oberursel wieder aufgebaut. Später war ein Kriegsgefangenenlager der Luftwaffe mit dem Namen »Durchgangslager Luft« untergebracht. Anschließend zog das Hauptquartier des amerikanischen Geheimdienstes, in dem ehemalige Nazi-Größen verhört und vorverurteilt wurden, hierher. Schließlich hatte das militärische Verkehrsmanagement seinen Sitz hier.

Das Kinderhaus hieß einst Haus am Wald, Haus Florida und schließlich Nr. 997. Jetzt ist ein Archiv darin untergebracht. Manfred Kopp hat die Geschichte des Gebietes bereits seit Jahren aufgearbeitet, denn seine Mutter hat hier früher gearbeitet, und er selbst kann sich noch an die Kriegsgefangenen erinnern. Camp King wurde zu seinem Lebensthema, das nun allen Interessierten zugänglich ist. Die Siedlerstraße führt an acht erhaltenen Häusern vorbei zum Gedenkstein für Colonel Charles King und weiter zur Mountain-Lodge. Mittendrin befindet sich eine Skulptur des Altkönigs. Die amerikanische Vergangenheit wird vor allem durch die umliegenden Straßennamen präsent.

Adresse Kinderhaus und Archiv, Jean-Sauer-Weg 2, 61440 Oberursel | **Anfahrt** A 66 und dann B 455, Ausfahrt Hohemarkstraße, der Hohemarkstraße Richtung Oberursel folgen, bis links die Camp-King-Allee abgeht (U-Bahn Kupferhammer). Die Verlängerung ist der Jean-Sauer-Weg. | **Tipp** Entlang der Hohemarkstraße befinden sich Arbeiterhäuser und eine Direktorenvilla (Villa Schaller) der früheren »Aktiengesellschaft für Spinnerei und Weberei Zur Hohen Mark«.

90_Der Eseltreiber

Ein fragwürdiger Brunnen

Es ist eine umstrittene Skulptur, die sich auf dem Brunnen direkt neben dem Gasthaus »Marktweib« befindet: Auf einem länglichen Brunnentrog ist ein Esel mit einer Reiterin dargestellt. Doch die Frau sitzt rückwärts auf dem Maultier und wird von ihrem Mann geführt. Denn sie hat Schande über ihren Mann gebracht, und von Spott und Gelächter begleitet muss sie so durch den Ort reiten. Bis 1703 galt es in Oberursel als Brauch, dass Frauen, die ihre Männer geschlagen hatten, in der Öffentlichkeit bloßgestellt wurden. Am Faschingsdienstag sollten sie rittlings auf einen Esel gesetzt vom eigenen Mann oder einem dafür bestimmten »Weibermeister« durch den Ort geführt werden. Das war die damals herrschende Ordnung, und der Brauch wurde so auf der daneben angebrachten Eisenplatte eingraviert. Es wird aber auch darauf hingewiesen, dass das Brunnenmotiv umstritten ist. Umso erstaunlicher, dass es so einen schönen Platz direkt am Marktplatz bekommen hat. Zuerst amüsiert es ein wenig, doch schnell stellen sich Bedenken ein. Vor allem ist es ein Zeugnis des derben Humors und der alten Sitten.

Der Ehemann oder Weibermeister ist hier mit einer Narrenkappe und verzerrtem Grinsen zu sehen. Damit alle auf ihn aufmerksam werden, läutet er dazu noch eine Glocke. Und die böse Frau trägt eine Schandkappe, weil sie sich zusätzlich einer häuslichen Waffe wie Kochlöffel, Schürharken oder Handfeger bedient hat.

Erstellt wurde die Skulptur der Eselreiterin vom Bildhauer Walter Meffert nach einem Entwurf des Künstlers Georg Hieronymi. Letzterer war ein echter Oberurseler und hat dem Ort einige Denkmäler hinterlassen. Ein anderer Eseltreiber befindet sich an der Wand eines Hinterhofes in der Bleichstraße, Schnitzarbeiten in der Sankt-Ursula-Kirche. Außerdem findet man von ihm in Oberursel Glasfenster, Kreuze, Figuren, Reliefarbeiten, Wandmalereien, Brunnen, Gedenktafeln, das Stadtwappen im Rathaus oder die Ehrenplakette der Stadt.

Adresse Wiederholtstraße, 61440 Oberursel | **ÖPNV** von Frankfurt verkehrt regelmäßig die S5 | **Anfahrt** von der L3004/Hohemarkstraße oder Feldbergstraße aus kommend am Kreisel in die Eppsteiner Straße, geradeaus fahren bis zum Marktplatz, direkt rechts neben der Gaststätte »Marktweib« befinden sich die Wiederholtstraße und der Brunnen | **Tipp** Im Gattenhöferweg 33 in Oberursel gibt es eine besonders sehenswerte alte Fabrik. Die Firma und das Gebäude von Medidenta Schramm gibt es bereits seit 1905. Ein schönes Beispiel der hier beheimateten Industriekultur.

91__Die Goldgrube

Noch nichts gefunden

Bemooste Felsen und Steine liegen herum, als wäre lange niemand mehr dort gewesen. Vermutlich liegt es aber an der Himmelsrichtung. Viel Feuchtigkeit und wenig Sonne scheinen hierherzukommen, dennoch ist die Wirkung magisch. Die Goldgrube und die dazugehörigen Felsen sind nicht ganz leicht zu finden, doch es gibt Führungen um die Bergkuppe herum. Ob es hier wirklich mal eine Goldgrube gab, ist nicht ganz klar. Sogar die Römer sollen schon um 150 nach Christus hier nach Gold gesucht haben. Im 18. Jahrhundert wurde Bergbau betrieben, und aus dieser Zeit stammt auch die Bezeichnung Goldgrube. Davor hieß der Felsen Hangelstein. Es gibt noch einen Eingang zum alten Stollen, der unterhalb der Bergkuppe liegt. Der Stollen ist nur knapp einen Meter breit und hat eine Höhe von 1,30 bis 1,90 Meter. Dahinter verbirgt sich ein langer Gang in den Felsen hinein. Er ist nicht mehr zu begehen und wird heute von Fledermäusen bewohnt.

Die Goldgrube liegt nordwestlich von Oberursel und ist 492 Meter hoch. Am schönsten ist es am Osthang, denn hier sieht es aus, als würden die Felsen den Hang hinabstürzen. Sie bestehen aus Taunus-Quarzit, der in dieser Region häufig abgebaut und zum Bauen verwendet wurde.

Am einfachsten ist der Weg vom Taunus-Informationszentrum aus zu finden. Direkt vom Parkplatz führt der Weg rechts (wenn das Gebäude hinter einem liegt) in den Wald hinein. Hier beginnt der Keltenweg. Nach etwa 900 Metern kommt die erste Kreuzung, an der man halb rechts in die Ahornschneise geht. Ungefähr 750 Meter weiter folgt man einem Weg schräg nach links oben. Auf der linken Seite erscheint nach einigen Metern der Stolleneingang: Die Jahreszahl 1722 und zwei gekreuzte Hämmer sind darauf zu sehen. Oberhalb des Stollens liegen der Felsen und alte Ringwallanlagen aus keltischer Zeit. Um Oberursel herum, in den Wäldern des Taunus, gibt es auch sonst noch einige Spuren der Kelten.

Adresse Goldgrube Oberursel, Start am Taunus-Informationszentrum, Hohemarkstraße 192, 61440 Oberursel | **Anfahrt** A 66, dann über die B 455, Ausfahrt Hohemarkstraße | **ÖPNV** mit der U3 von Frankfurt Südbahnhof; weiter siehe links | **Tipp** Ein weiterer Felsen aus Taunus-Quarzit ist zum Beispiel in Bad Homburg zu sehen: der Elisabethenstein in der Elisabethenschneise (Verlängerung der Tannenwaldallee) in den Landgräflichen Gärten.

92 Der Modeladen

Zeitlose Calla Mode

Der Laden liegt ein wenig versteckt in einer Seitenstraße der Altstadt. Das Gebäude ist nicht auffällig, aber stilvoll, dezent, klassisch und modern zugleich. »Calla Mode« befindet sich in einem alten Fabrikgebäude: außen Klinker, Sprossenfenster und eine Eisentür, innen minimalistisch, zurückhaltend und exklusiv. Die Exklusivität kommt nicht in erster Linie durch die coole Bekleidung, die es hier zu kaufen gibt, sondern vor allem daher, dass es immer nur ganz wenige Teile gibt, die im Angebot sind. Stilsicher präsentiert.

Claudia Ernenputsch ist die Eigentümerin von Calla Mode in Oberursel. Seit langer Zeit beschäftigt sie sich mit Mode, genau genommen eigentlich schon immer. Sie hat ihre ganz eigene Fashion-Auswahl und auch ein eigenes Ladenkonzept. »Weniger ist mehr« scheint ihre Devise zu sein, dafür aber wird Wert auf den intensiven Kontakt zu den Kunden gelegt. Sie hat sogar besondere Öffnungszeiten, die sie aber zuweilen individuell anpasst – vor allem für Stammkunden. Offensichtlich geht dieses Konzept auf. Ihr Laden in der Schlenkergasse in Oberursel hat sich durchgesetzt und etabliert. Seit mehr als 25 Jahren gibt es Calla Moden und nach langem Überlegen nun auch eine weitere Niederlassung in Kronberg. An einem idyllischen Platz in der Altstadt (Friedrich-Ebert-Straße 23) gibt es seit 2011 »Making of«. Der Laden, der sich hinter einer 1960er-Fassade befindet, wurde bereits vom Designer Club ausgezeichnet. Er soll ein Treffpunkt für interessante und interessierte Menschen sein, die zeitlose, unaufdringliche und authentische Mode mögen.

Wer individuelle Beratung, besonderes Ambiente, Ruhe und Exklusivität sucht, sollte sich Calla Moden oder Making of ansehen. Claudia Ernenputsch setzt auf ihr eigenes Stilgefühl und individuelle Beratung. Deshalb weiß sie auch, was ihren Stammkunden steht und gefällt. Sie kennt die meisten persönlich – das Geheimnis ihres Erfolgs mit dem gelungenen Look.

Adresse Calla Mode, Schlenkergasse 5, 61440 Oberursel, calla@callamode.de; Making of Calla Mode, Friedrich-Ebert-Straße 23, 61476 Kronberg | **ÖPNV** S 5 aus Frankfurt | **Anfahrt** von der L 3004/Hohemarkstraße oder Feldbergstraße aus kommend am Kreisel in die Eppsteiner Straße, links in die Ackergasse, zweite rechts ist die Schlenkergasse | **Öffnungszeiten** Mi–Fr 11–20 Uhr, Sa 11–14 Uhr | **Tipp** In Bad Nauheim gibt es zwei trendige und stilsichere Bekleidungsläden: Trendstudio am Aliceplatz und eine Art Outlet in der Alicestraße 13.

93 Das Motorenwerk

Der Gnom

Es ist ein riesiges gelbes Gebäude und kaum zu übersehen: die ehemalige Motorenfabrik Oberursel. Hier ließ einst der Rote Baron seine Motoren fertigen, über 100 Jahre wurden Flugzeugmotoren hergestellt, und nun gehört die Fabrik zum Rolls-Royce-Konzern.

Das imposante Werk mit verschiedenen Gebäuden ist eingefasst von einem hohen grünen Zaun. Mit ein wenig Vorstellungsgabe hört man den Geräuschpegel früherer Zeiten und nicht die vorbeifahrenden Autos. Die ersten Flugzeugmotoren verließen das Werk bereits 1913. Aber auch Antriebsmotoren für Maschinen wurden gebaut und mehrere hundert Motorlokomotiven für Gruben-, Tunnel-, Feldbahn- oder Rangierlokomotiven weltweit geliefert. Das Highlight des früheren Werks wurde aber ein kleiner, äußerst stabiler Motor mit einer neuen Einspritzvorrichtung. Der Ingenieur Willy Seck hatte diesen entwickelt und GNOM genannt. Im Volksmund wurde daraus zuweilen »Geht nicht ohne Monteur« oder »Geht nicht ohne Mittreten«. Seck gründete ein Unternehmen, und der Motor trat die Reise nach Frankreich an. Louis Seguin erkannte kurz nach dem Erstflug der Gebrüder Wright die Bedeutung des GNOM für Flugzeuge und entwickelte diesen zum Flugzeugmotor weiter. Die Oberurseler Motorenfabrik kaufte die Lizenz weiterentwickelt zurück und fertigte fortan Flugzeugmotoren. Flugzeuge und Fliegen waren damals eine Sensation, die auch Kaiser Wilhelm II. faszinierte, sodass er 1900 die Fabrik besichtigte. In den folgenden Jahren entwickelten sich die Motorenwerke weiter: Neue Motoren kamen hinzu und immer mehr Arbeiter – unterbrochen von den Weltwirtschaftskrisen zwischen den beiden Weltkriegen.

Heute ist die Oberurseler Motorenfabrik Teil des Rolls-Royce-Konzerns. Die hier hergestellten Triebwerkskomponenten stecken in Flugzeugen. Die Arbeit hat sich verändert und auch der Geräuschpegel. Ölverschmierte Arbeiter, die am GNOM schrauben, gibt es nicht mehr.

Adresse Rolls-Royce Deutschland Ltd. & Co. KG, Hohemarkstraße 60–70, 61440 Oberursel, Tel. 06171/900 | ÖPNV mit der U3 bis Glöcknerwiese | Anfahrt A 66, dann über die B 455 Ausfahrt Hohemarkstraße, der Hohemarkstraße Richtung Oberursel folgen, bis rechts das große gelbe Werk zu sehen ist | Tipp Eine Reise durch die Geschichte der Luftfahrt bietet das Werksmuseum im Professor-Dr.-Günter-Kappler-Haus an. Jeden letzten Freitag im Monat von 15 bis 18 Uhr und nach Vereinbarung, Eintritt frei. Kontakt: Rolls-Royce Oberursel, Tel. 06171/906121 oder museum@rolls-royce.com.

94_Das Opferdenkmal

NS-Verfolgung in der Provinz

2016 wurde in Oberursel ein neues Denkmal eingeweiht. Es ist den Opfern des Nationalsozialismus gewidmet. Die ausgefallene Skulpturengruppe befindet sich auf dem Hospitalplatz. Sie ist vor allem durch die Größe auffallend, noch mehr aber durch die Farbe und Schlichtheit der Figuren. Heller Kalksandstein wurde verwendet, um die Menschen darzustellen, die einst in Oberursel lebten, dann aber bedroht, verfolgt oder gedemütigt wurden und dem Nationalsozialismus zum Opfer fielen. Es steht aber auch für die Spaltung der Menschen in Oberursel, die Durchtrennung des gemeinschaftlichen Lebens hier durch die politische Entwicklung. Zwei Gruppen stehen sich gegenüber: die verfolgten Bürger des Ortes und die nicht verfolgten. Bis heute werden die Schicksale der Menschen erforscht, die einst hier lebten und flüchten mussten oder deren Schicksale zum Teil unbekannt blieben.

Das Denkmal ist durch Spenden im Laufe einiger Jahre entstanden. Dahinter stecken einige Oberurseler, darunter die Lehrerin und Historikerin Angelika Rieber, die sich inzwischen seit Jahren mit den Schicksalen der Verfolgten beschäftigt und auch die Initiative für das Opferdenkmal ins Rollen brachte. Immer wieder wurde für das Projekt gesammelt.

Die Ausschreibung zur Ausführung gewann eine damals 17-jährige Schülerin. Juliane Nikolai wollte mit der Skulpturengruppe zeigen, wie der Nationalsozialismus die Bürger des Ortes getrennt hat, und stellte Täter und Opfer einander gegenüber – isoliert durch eine Glasscheibe. Zuerst wurde die Figur einer Mutter aufgestellt, die ihr Baby an sich presst. Christine Jasmin Niederndorfer ist die Steinbildhauermeisterin, die aus den Kalksteinblöcken die Figuren formte. In der Glasplatte stehen die Geburts- und Sterbedaten der Opfer eingraviert. Im Sommer 2016 wurde das Denkmal vollendet und endgültig eingeweiht. Hier wird nicht mit Stolpersteinen, sondern mit einem Denkmal der Menschen gedacht.

Adresse Hospitalstraße / Hospitalplatz, 61440 Oberursel | **ÖPNV** S 5 aus Frankfurt | **Anfahrt** von der L 3004/Hohemarkstraße oder Feldbergstraße aus kommend am Kreisel in die Eppsteiner Straße, über den Marktplatz, dann links in die Schulstraße und dem Verlauf bis zur Hospitalstraße folgen | **Tipp** In Oberursel gibt es einen kleinen jüdischen Friedhof. Er befindet sich in der Altkönigstraße, in der Nähe des heutigen Schwimmbads, an einem Ort, der damals außerhalb der Stadt lag. Bemerkenswert ist der Gedenkstein für Alfred Feinberg, der 1939 von Nazis ermordet wurde.

95 Der Turm

Uhren, Glocken und ein Narr

Die Glocken von Sankt Ursula können einen fast taub machen. Jeden Samstag um 15 Uhr darf der Turm der Kirche bestiegen werden, die Besucher erhalten einen Einblick ins Innenleben und hören die Glocken in voller Lautstärke. In der fast 500 Jahre alten Kirche Sankt Ursula, dem Wahrzeichen von Oberursel, befindet sich ein Turmmuseum. Hier sind sakrale Gegenstände aus den letzten Jahrhunderten zu sehen, aber auch der Kirchturm mit der Turmuhr, die Glockenstube und die Türmerwohnung. In der Türmerstube lebte einst der Türmer, der im Auftrag der Stadt das Geschehen in der Umgebung beobachtete. So beispielsweise mögliche sich ausbreitende Feuer oder feindliche Angreifer.

Eine enge Wendeltreppe führt hoch hinauf, sodass Interessenten zudem noch einen weiten Rundblick über die Rhein-Main-Ebene gratis dazubekommen. In die Uhrenkammer dagegen gelangen die wenigsten, und das nur nach langem Bitten. Dort ruht in einem Schrank mit Glasfenstern die alte Kirchturmuhr. Sie hat ein Zahnradwerk wie Armbanduhren, das jedoch wesentlich größer ist. Pendel und Gewichte baumeln von der Decke, beides wird nicht mehr benötigt. Längst wird die weithin sichtbare Kirchenuhr per Funk gesteuert und nicht mehr mit den Pendeln betrieben. Eigentlich darf den Raum niemand betreten, aber vielleicht wird ja mal eine Ausnahme gemacht.

Vier unterschiedlich große Glocken gehören zu der Kirche, wobei die älteste 2.600 Kilogramm wiegt und bereits vor 500 Jahren in Mainz gegossen wurde. Die Sankt-Ursula-Glocke sollte im Zweiten Weltkrieg eingeschmolzen werden, überlebte aber schließlich auf dem Glockenfriedhof (das gab es tatsächlich im Ersten und Zweiten Weltkrieg) und kam 1947 zurück. Außerdem gibt es noch die Josephs- und die Christopherusglocke. Im Museum ist darüber hinaus »Flennelse«, ein mittelalterliches Narrengesicht aus Sandstein, zu sehen oder ein Reliquienaltar von 1530. Und an die heilige Ursula wird erinnert.

Adresse Sankt-Ursula-Gasse 16, 61440 Oberursel, Tel. 06171/979800 | **Anfahrt** von der L 3004/Hohemarkstraße oder Feldbergstraße aus kommend am Kreisel in die Eppsteiner Straße, bis zur Weidengasse, dort rechts abbiegen und vom Marktplatz am besten zu Fuß Richtung Kirchturm | **Öffnungszeiten** Mai–Sept. jeden ersten Sa 15–16 Uhr, auf Anfrage sind Führungen auch Mo–Fr möglich | **Tipp** Wunderschöne Ausblicke auf Königstein und seine Burg bietet Mammolshain.

96__Das Wasserwerk

Versorgung des Schlosses

Ein mit Gras bewachsener Erdhügel, eine kleine Mauer und eine weiße Tür – viel mehr ist nicht zu sehen. Vielleicht ist die eiserne Tür der einzige Hinweis auf die Bedeutung dieser Fläche an der Oberstedtener Hauptstraße 103, denn sie sieht mit ihren Verzierungen schon anders als normale Türen aus. Dahinter verbirgt sich das Wasserwerk für das Bad Homburger Schloss und seine Gärten.

Als Oberstedten noch ein Dorf mit dem Namen Stedten war, wurden die Brunnenquellen des Ortes für einen herrschaftlichen Dienst bestimmt. Sie wurden eingefasst und verschlossen, damit kein Unrat hineingeworfen werden konnte. Zudem wurden sie mit unterirdischen Leitungen versehen, die fortan zur Wasserversorgung des Schlosses dienen sollten. Seit bald 300 Jahren erfüllen sie nun diese Funktion und versorgen bis heute den prächtigen Schlosspark. Regelmäßig schaut bei der Anlage der Schlossgärtner nach dem Rechten, damit die Quelle nur nicht versiegt. Denn das Wasser ist quasi umsonst, während das städtische Wasser die Schlossverwaltung einiges kosten würde. 1901 wurden alle Leitungen erneuert und auch der Kleine Tannenwald von Bad Homburg angeschlossen. Seit 1928 darf überdies der Oberurseler Stadtteil Oberstedten die Quelle mitanzapfen. In der Chronik der Gemeinde des Jahres 1928 steht die Erlaubnis, das überschüssige Wasser zu nutzen.

Hinter der weißen Tür verbergen sich zwei Brunnen mit einer Tiefe von 5,60 Metern. Das Wasser läuft von hier mit einem natürlichen Gefälle von 160 Metern in ein Wasserreservoir mit Filtergebäude. Von da gelangt es über eine Länge von 3,3 Kilometern in die Tannenwaldallee und dann ins Schloss. Das ganze Jahr werden so die Wohnungen des Schlosses, die Springbrunnen, Hydranten und die Schlossgärtnerei versorgt. Für die Schlossbewohner wird das Wasser in einer Chlorierungsanlage noch gereinigt, für die Pflanzen ist das nicht nötig.

Adresse Hauptstraße 103 (neben der Bushaltestelle), 61440 Oberursel | **Anfahrt** A 66 bis zur Ausfahrt Oberstedten, dann links Richtung Oberstedten und immer der Hauptstraße folgen, das Wasserwerk liegt rechts (hinter einer Bushaltestelle) | **Tipp** Um sich einen Eindruck von Wasserkraft und -nutzung zu verschaffen, gibt es einen elf Kilometer langen Mühlenwanderweg am Urselbach. Führungen auf Anfrage unter Tel. 06171/502232.

97_Die Weiher

Und das Reichenbachtal

Von Falkenstein ins Reichenbachtal führt der Weg an einem kleinen Weiher vorbei, dem Forellenweiher. Früher gab es da wohl Forellen, heute ist es eher ein Weiher mit romantischen Plätzen, einigen Bänken und Tischen. Der Forellenweiher liegt am Fuße des Altkönigs, dort, wo Treisbornbach, Reichenbach und Höhenbach zusammenkommen; schon immer hatte er eine wichtige Bedeutung für Königstein. Einerseits, weil er wasserreich war und seine Sprudel und Strudel die Kronberger Maler inspirierten, andererseits, weil er Wasser- und Energielieferant für Königstein war. Im Mittelalter führte das zum Bau von Wassermühlen und brachte so das Gewerbe in Schwung. Vom Forellenweiher führt der Bach durch Wiesen und Täler in ein Naturschutzgebiet, das überwiegend in Privatbesitz ist.

Im nahe gelegenen Tal musste 1893 Käthe Paulus, die bekannte und waghalsige Pionierin der Luftfahrt, mit ihrem Ballon notlanden. Kein Mensch war hier unterwegs, doch ihre Hilferufe wurden irgendwann von den Falkensteiner Bürgern gehört. Sie halfen der Havarierten, sich aus dem Wirrwarr ihrer Seile zu befreien. Auch eine Schweizer Alm gab es einmal im Reichenbachtal: Mehrere Dutzend Bergziegen grasten hier für eine Molkerei aus Appenzell. Die Ziegenmolke wurde in die Orte der Umgebung gebracht (wie zum Beispiel nach Bad Soden), um spezielle Molkekuren durchzuführen.

Heute gibt es hier nur noch das Wirtshaus Reichenbachtal, das erst in den letzten Jahren von der Enkelin des ursprünglichen Eigentümers wieder zum Leben erweckt wurde und nun für Feiern und Veranstaltungen gemietet werden kann. Auf den Grundmauern des alten Wirtshauses entstand ein Restaurant, das durch seinen altmodischen Charme besticht. Sechs Jahre dauerte das Bauvorhaben aufgrund strenger Naturschutzgesetze. Ein Spaziergang vom Forellenweiher zum Wirtshaus entlang des klaren Baches und weiter Richtung Altkönig ist landschaftlich vielfältig und bezaubernd.

Adresse Forellenweiher und Wirtshaus Reichenbachtal, Reichenbachweg, 61462 Königstein-Falkenstein, www.wirtshausreichenbachtal, info@wirtshausreichenbachtal.de | **Anfahrt** von Königstein Richtung Falkenstein, über die Falkensteiner Straße und dann Alt Falkenstein, bis links der Reichenbachweg abgeht, diesem bis zum Ende folgen und dann zu Fuß weiter (Naturschutzgebiet), links liegt der Forellenweiher, geradeaus das Wirtshaus und Tal | **Tipp** Lieblich und etwas wasserreicher als der sonstige Taunus ist das Wispertal mit See, Wasserfall und Wanderwegen. Vorher oder nachher lohnt ein Abstecher ins Klostergut Gronau, das ebenfalls an einem kleinen See liegt. Besser vorher anfragen: Tel. 06772/8479 (Klostergut Gronau 1, 65321 Heidenrod).

98_Die Brücke

Mittelalterliche Stimmung

Einmal sollte man es ausprobiert haben: mit dem Auto über die Runkeler Brücke. Augenblicklich verändert sich die Stimmung, es ist ein bisschen wie im Urlaub, plötzlich wird man ruhig und gelassen, denn es braucht ein wenig Zeit, weil die Brücke nur einspurig befahrbar ist. Sie stammt aus dem Mittelalter und ist eine der ältesten Brücken an der Lahn, die noch in ihrem ursprünglichen Zustand erhalten ist. Vier Bögen überspannen den Fluss, dicke Pfeiler von 4,5 bis 5,65 Metern Breite stützen das 80 Meter lange Tragwerk.

Dietrich IV. von Runkel, der damalige Herr von Runkel, gab den Bau der Brücke in Auftrag. Damals entstand sie als Zugbrücke mit Türmen. Der Burgherr von der benachbarten, nur wenige hundert Meter entfernt auf der anderen Seite der Lahn liegenden Burg Schadeck, Reinhard von Westerburg, war mit dem Bau nicht einverstanden. Erst als sich die Herren einigten, wurde die Brücke schließlich gemeinschaftlich errichtet und genutzt. Auch die Bannmühle, die heute zur Stromversorgung genutzt wird, ist ein Gemeinschaftswerk der Orte Runkel und Schadeck.

Die alte Brücke blieb jahrhundertelang in ihrem ursprünglichen Zustand erhalten. 1815 wurde der Turm abgerissen, und als die Lahn schließlich von Schiffen befahren wurde, ergänzte man eine Schleuse. 1978 bekam Runkel eine neue Brücke und Verkehrsanbindung. Das mittelalterliche Bild des Ortes prägt die alte Brücke jedoch weiterhin, vor allem gemeinsam mit der Burg. Diese befindet sich in Privatbesitz der Familie Wied, kann aber besichtigt werden. Auch die Ruine der Oberburg ist begehbar und bietet neben drei Türmen einen schönen Blick auf den Ort, die Lahnbrücke und bis zur Burg Schadeck, die schlicht und wenig pompös, dafür aber gut erhalten ist. Bewohnt und genutzt wird jedoch die Unterburg von Runkel. Ein Museum, eine Kapelle und ein Archiv befinden sich neben den privaten Räumen darin. Von hier führt ein Weg zur Brücke hinunter.

Adresse Bahnhofstraße, 65594 Runkel | **Anfahrt** von Limburg über die L 3020 (Limburger Straße, dann Obertorstraße), links in die Straße Im Langgarten und deren Verlauf weiter rechts folgen (um die Burg herum), von der Burgstraße geht die Bahnhofsstraße ab | **Tipp** Eine Bruchsteinbrücke aus dem 19. Jahrhundert ist in Niederselters in der Schulstraße zu sehen. Unweit von Runkel in der König-Konrad-Straße in Vilmar steht das König-Konrad-Denkmal, das eine tolle Aussicht bietet.

99 Der Tatort

Wo Verbrechen geschehen könnten

Seit die Taunuskrimis von Nele Neuhaus verfilmt worden sind, haben einige Schauplätze im Taunus eine neue Bedeutung bekommen: In Hofheim soll das Polizeiamt stehen (tut es aber nicht), auf dem Rettershof leben die Eltern des Hauptkommissars, die Kommissarin lebt mit ihren Pferden auf dem Land, und die Verbrechen geschehen im Opel-Zoo, auf dem Campingplatz oder in kleinen Dörfern. Die Namen Ruppertshain, Altenhain, Kelkheim, Königstein oder Falkenstein sind gefallen, und dort sind Täter und Opfer beheimatet. Allerdings nur im Film – alle Protagonisten sind erfunden.

In ihrem neuesten Krimi »Im Wald« ist zum ersten Mal eine reale Person zu sehen: der Wirt Ajay Bandi Arora aus dem Restaurant Merlin. Das Lokal liegt in Ruppertshain am Zauberberg und wird so zum Schauplatz. Hier haben sich Künstler, Ärzte und Heilpraktiker niedergelassen, früher war der Zauberberg ein Lungensanatorium. Im Volksmund hieß die Anlage deshalb auch »Hustenberg«, der Name Zauberberg ist in Anlehnung an den berühmten Roman von Thomas Mann entstanden. Ein Café und das Restaurant Merlin bieten sich mit der Lage in 365 Metern Höhe als Aussichts- und Verweilpunkte geradezu an.

Nele Neuhaus lebt im Taunus und sucht sich gern bekannte Stellen für ihre Romane aus. Dort, wo sie mit ihrem Hund spazieren geht oder mit den Pferden ausreitet, sucht sie Plätze, die sie spannend und mysteriös findet, oder aber auch Dörfer, die eigentlich gar nicht interessant wirken, beim näheren Hinsehen aber vielleicht eine Geschichte verbergen. Hintergrund für »Im Wald« war ein Verbrechen, das sich vor mehr als 15 Jahren in Kelkheim abgespielt hatte. Ein Mädchen war damals spurlos verschwunden. Ihre Spur führt nach Ruppertshain; der Wirt vom Merlin wird zur Romanfigur und gibt einen wichtigen Hinweis. In Kelkheim, Bad Soden, Königstein und Idstein gehen die Ermittler Oliver von Bodenstein und Pia Sander auf Verbrecherjagd.

Adresse Zauberberg, Robert-Koch-Straße 120, 65779 Kelkheim-Ruppertshain, Tel. 06174/964673 | **Anfahrt** von Kelkheim kommend über die L 3016 (die Straße wird von der Ruppertshainer Straße zur Robert-Koch-Straße), von Königstein kommend über den Ölmühlweg und dann auf die L 3369 | **Öffnungszeiten** Di–Sa 11.30–14.30 und 17.30–23 Uhr, So und Feiertage 11.30–23.30 Uhr | **Tipp** Die Kripo Hofheim (an der Zeilsheimer Straße) befindet sich bei den Verfilmungen in Usingen oder Königstein – aber nicht in Hofheim. Das Polizeigebäude Hofheims ist definitiv nicht filmreif!

100_Das kleinste Bad

Erholsame Abgeschiedenheit

Ein kleineres Kurbad gibt es kaum in Deutschland. Bad Schlangenbad hat um die 950 Einwohner, liegt in einem tief eingeschnittenen Tal und wird von steil abfallenden Bergen umrahmt. Deshalb fühlt sich der Kurgast vermutlich gleich weitab vom Rest der Welt und lässt sich auf die Ruhe und die Kurangebote besonders ein. Schlangenbad liegt an der Walluf, zwischen dem Rheingau und dem unteren Taunus. Das Besondere an dem Ort, der neben Hotels und Gaststätten und wenigen Läden über kein großes Angebot verfügt, ist die Abgeschiedenheit. Es gibt neun Thermalquellen, ein altes Kurhotel, ein Thermalschwimmbad oberhalb des Ortes, einen Kurpark und viele Wege entlang des Baches und durch den Wald. Ein ausgefallenes Gebäude, das vor Kurzem renoviert wurde, ist die historische Caféhalle, die sich hinter dem heutigen Rathaus (Rheingauer Straße 23) befindet und eine der letzten gusseisernen Wandelhallen ist.

Der Name Schlangenbad geht auf die Äskulapnatter zurück, die sich hier zuweilen durchs Gehölz schlängelt. Angeblich werden die Heilquellen nur so lange sprudeln, wie die Äskulapnatter hier beheimatet ist. Die Natter ist das Symboltier der Heilkunst, sodass es naheliegend war, diese auch im Wappen des kleinen Ortes zu verewigen.

Kurioserweise geht der winzige Ort auf zwei Kurorte zurück: Bereits im 17. Jahrhundert ließ Landgraf Karl von Hessen hier die ersten Bade- und Kurhäuser am Rande des Tales neben dem warmen Bach erbauen. Die andere Seite des Tales gehörte jedoch zum Kurfürstentum Mainz, wo Kurfürst Lothar von Schönborn einige Jahre später ebenfalls Kurgebäude errichtete. So gab es zwei direkt nebeneinanderliegende Kurorte, die später zu einem vereint wurden und deren Ruf weit über die Grenzen des Taunus und Deutschlands bekannt war. Der dänische König ließ mehrere tausend Krüge des Heilwassers nach Stockholm liefern, um es als Delikatesse in seiner Hofküche zu verwenden.

Adresse Infos über Schlangenbad bei der Gemeindeverwaltung Schlangenbad, Rheingauer Straße 23, 65388 Schlangenbad, Tel. 06129/480, gemeinde@schlangenbad.de, www.schlangenbad.de | **Anfahrt** von Wiesbaden über die A 66 und dann auf die B 42, gleich darauf B 260 Richtung Schlangenbad/Bad Schwalbach, der Ausfahrt Richtung Schlangenbad folgen | **Tipp** Mehrmals im Jahr werden Führungen zur Äskulapnatter von verschiedenen Institutionen angeboten. Infos über Staatsbad Schlangenbad, Tel. 06129/4850.

101 Das Schwimmbad

Am Rande des Waldes

Publikumsmagnet im Taunus ist in der Sommerzeit das Waldschwimmbad in Kronberg. Hierher kommen Frankfurter, Bad Homburger, Kronberger, Oberurseler oder Königsteiner, um sich die Sonne auf den Bauch scheinen zu lassen und am Abend im Biergarten vom »Bürgelstollen« einen Sundowner oder ein Bier zu trinken und ein hessisches Gericht zu essen. Wer es aber ruhiger mag und sich nicht in die Fahrzeugschlangen einreihen möchte, sollte einige Kilometer weiter fahren. In Schmitten, hinter dem Großen Feldberg, befindet sich ein Schwimmbad direkt am Rande des Waldes, wo es wesentlich leerer und entspannter zugeht.

Das Schmittener Schwimmbad wirkt ein wenig altmodisch, und der etwas verschlafene Ort tut ein Übriges dazu. Aber es ist ein schönes Freibad und dazu noch das höchstgelegene im Taunus. 1998 wurde die gesamte Schwimmanlage renoviert und auf den neuesten Stand gebracht. Jetzt hat sie einen Sprudelpilz und eine Schwall- oder Nackendusche, dazu noch einen Wildwasserkanal. Sie befinden sich in einer kreisförmigen Anlage am Beckenrand. Selbstverständlich gibt es einen Schwimmer- und einen Nichtschwimmer-Bereich, Startblöcke für Schnellschwimmer und dann noch eine Wasserrutsche, Tischtennis und ein Baby-Planschbecken.

Das Freibad ist von Mai bis September täglich und bei jeder Witterung von 9 bis 20 Uhr geöffnet. Wer sich im Sommer auf den Weg dorthin macht, kann sich vorher den Ort am Rücken des Feldbergs ansehen und das reizarme Mittelgebirgsklima genießen, dank dem Schmitten vor langer Zeit schon zum Luftkurort erkoren wurde. Dafür war der praktische Arzt Dr. Wieger verantwortlich, denn er erkannte die heilbringende Wirkung der Luft. Als Dank dafür wurde der über dem Ort thronende Felsvorsprung nach ihm benannt; eine schöne Wanderung führt hinauf. Wieger setzte sich in Schmitten aber auch für den Kurverein und die Verschönerung des Ortes ein, gleichermaßen für die Einrichtung einer Postverbindung nach Oberursel.

Adresse Freibad Schmitten, Wiegerstraße 27, 61389 Schmitten, www.schmitten.de, Tel. 06084/2387 | Anfahrt von Bad Homburg Richtung Feldberg über die L 3004 bis Schmitten, von der Kanonenstraße links in die Straße Am Wiesenweg und dann gleich wieder links | Öffnungszeiten Mai–Sept. täglich von 9–20 Uhr | Tipp Absolut ruhig und dazu noch im Wald liegt das Waldschwimmbad Neu-Anspach in der Weilstraße (Mai, Juni 9–19 Uhr, Juli bis September 9–20 Uhr geöffnet).

102 Das Weltwasser-Museum

Durstlöscher Nummer eins aus dem Taunus

Selters war lange Zeit nicht nur ein bekanntes Heilwasser, es war eine Weltmarke. Im 18. und 19. Jahrhundert wurden jährlich Millionen von Krügen aus dem Niederselterser Gesundbrunnen weltweit verkauft. Überall war es bekannt, anerkannt und gemocht, das berühmte Quellwasser aus Selters. Gleichzeitig prägte es den Namen für sprudelndes Wasser. In vielen Regionen und Ländern wird bis heute noch von Selters gesprochen, wenn Mineralwasser gemeint ist. In der ehemaligen DDR zum Beispiel war Mineralwasser allgemein Selters. Das und andere Geschichten des Unternehmens in Verbindung mit dem Ort werden im Selterswassermuseum erklärt.

Das Museum befindet sich in der alten Fabrik. Daneben liegen das ehemalige Verwaltungsgebäude, die Lagerhalle, das Gebäude mit der Quelle, in dem das Wasser abgefüllt wurde, und die Fabrikantenvilla. Die gesamte Anlage ist ein hübsches Jugendstilensemble, in das bisher nur wenige Besucher kommen. Womöglich ist nicht bekannt, dass zum Museum auch ein interessanter Film und eine Führung in der ehemaligen Abfüllhalle dazugehören. Ein Blick in die Halle lässt die Arbeit hier wieder aufleben. Dort saßen vor allem Frauen an goldenen Hähnen und füllten das Wasser in Tonkrüge ab.

Im Museum selbst befinden sich die unterschiedlichsten Seltersflaschen – die größte Sammlung der Welt soll es sein. Ein leidenschaftlicher Sammler aus München hat aus allen Ländern Flaschen zusammengetragen und diese dem Museum geschenkt. Die kostbarsten haben silberne Verschlüsse, die dekorativsten kommen aus Asien, die unterschiedlichen Formen sind sehenswert. Ein Teil der Sammlung schlummert noch in Kisten im Depot. Dem Selterswassermuseum steht nicht genug Platz zur Verfügung, da einige Räume der Anlage von der Gemeinde genutzt werden. Die Einwohner von Selters, Dauborn, Oberselters und Oberbrechen können sich ihr Selters-Wasser immer noch gratis abfüllen.

Adresse Selterswassermuseum im Niederselterser Mineralbrunnen, Am Urseltersbrunnen 1–3, 65618 Selters/Taunus-Niederselters | **Anfahrt** A 3 bis Ausfahrt Selters, weiter über die B 8 Richtung Niederselters bis zur Emsstraße, dieser folgen, bis sie zur Bahnhofstraße wird, hinter den Schienen geht es rechts zum Urseltersbrunnen. Das Museum ist auch gut ausgeschildert. | **Öffnungszeiten** 1. April–31. Okt. So 14–17 Uhr | **Tipp** In Selters-Haintchen sind einige Heiligenhäuschen zu sehen. Und es gibt in Selters den Lago Alfredo – benannt nach einem ehemaligen Bürgermeister.

103_Die Klippen

Gipfelstürmer im Taunus

Es ist schon ein wenig bizarr: Mitten im sanften Auf und Ab der Umgebung von Usingen ragt plötzlich eine Felswand auf. Sie liegt wenige hundert Meter von der Straße und dem dazugehörigen Parkplatz entfernt und erscheint wie ein kleines Naturwunder in der Landschaft des Taunus. Die Eschbacher Klippen sind bis zu zwölf Meter hoch, felsig und nur an einigen Stellen einfach zu bezwingen. Fast jeder Besucher schafft es auf die unteren Felsen, doch die steileren sind nur schwer erklimmbar. Deshalb sind sie ideal für kleine und große Bergsteiger, die sich im Klettern erproben wollen. Die Felswand gehört zu einem sechs Kilometer langen Quarzgang, der hier plötzlich übererdig und dadurch sichtbar verläuft. Es sind vielleicht 30 Meter, die sich durch die Landschaft ziehen. Wie eine Wand, die sich plötzlich aus dem Boden aufgetan hat. Einst hießen sie Buchsteinfelsen, dann Kaiserin-Friedrich-Klippe.

Die Eschbacher Klippen sind ein ideales Ausflugsziel für Familien: Es gibt einen nahe gelegenen Parkplatz, und der Weg zu den Klippen führt an Wiesen vorbei, durch einen Laubwald und an einem Feld mit Apfelbäumen entlang. Plötzlich liegen da die Klippen vor einem, und augenblicklich will jeder hinauf. Die Felsen sind zum Umrunden geeignet oder um Kletterer zu bestaunen, aber auch, um sich selbst als Kletterer zu probieren und zu üben. Einige Befestigungshaken sind zu sehen und dürfen genutzt werden. Eigene Haken darf man jedoch nicht anbringen. Die Steine sind schon ein wenig speckig geworden, denn es waren inzwischen viele begeisterte Kletterer hier.

Am schönsten ist es unter der Woche; nicht nur der Weg zu den Klippen ist reizvoll. Auch ein Picknick (Tische sind vorhanden) oder Spaziergang entlang der Felder durch die Umgebung macht Spaß. Einmal im Jahr findet an einem Sonntagnachmittag die Musikveranstaltung »Open Air an den Klippen« statt (den Termin erfährt man unter Tel. 06081/10244004).

Adresse Eschbacher Klippen, 61250 Usingen | **Anfahrt** B 456 Richtung Usingen (aus Richtung Bad Homburg/A 5) und weiter Richtung Eschbach, die Klippen sind ausgeschildert, links von der Landstraße liegt der Parkplatz, rechts die Klippen | **Tipp** Auf der gegenüberliegenden Seite der Kreisstraße Usingen-Michelbach gibt es etwas versteckt im Wald einen »Schwesterfelsen«, den Saienstein.

104_Die Schmelz

Und ihre Bewohner

Die Schmelz gibt es nicht mehr. Nur noch ein Denkmal und ein Weg erinnern daran. Das Denkmal liegt direkt an der Bundesstraße 455, Abzweig Vockenhausen, gleich hinter Eppstein Richtung Wiesbaden. Es ist ein modernes Gebilde, das auf die Vergangenheit hinweisen soll. Vor mehr als 300 Jahren errichtete hier ein Eisengießer den ersten Hochofen im Taunus, und Vockenhausen wurde somit zu einem vorindustriellen Gewerbezentrum.

Das Denkmal steht in der Mitte einer kleinen Grünanlage mit zwei Bänken. An der Seite sind Inschriften angebracht, in denen die Geschichte der Schmelz beschrieben ist ebenso wie die des Künstlerehepaares, das hier später lebte: Robert Michel und seine Frau Ella Bergmann-Michel. In der Schmelz entstanden viele ihrer avantgardistischen Bilder, und bekannte Künstler gingen ein und aus. Robert Michel soll seine Werke mit »Heimatmuseum of Modern Art Schmelz« gestempelt haben – so nannte er sein Zuhause. Das Paar hatte sich in Weimar kennengelernt und zog 1920 in die Heimat nach Vockenhausen. Sie galten als Vorreiter der Avantgardekunst und schufen Bilder, Collagen, Plakate, Fotos, Filme, Schilder und Ladenfassaden.

Die Nationalsozialisten waren mit der Kunst des Paares nicht einverstanden, und sie bekamen Berufsverbot. Ihren Lebensunterhalt mussten sie nun mit Landwirtschaft und einer Fischzucht bestreiten. Auch danach konnten sie lange nicht mehr an ihre früheren künstlerischen Erfolge anknüpfen. Erst Jahre später wurde in der Kunstszene wieder auf die Bedeutung des Künstlerehepaares für Dada und Konstruktivismus hingewiesen. »Haspelheidi Brru Bru Brru Dreh mir mal mein Haspel« hieß zum Beispiel eines ihrer etwas verrückten Werke.

Bevor die Schmelz zur Kunstschmiede wurde, entstanden hier Ofenplatten, Brunnenrohre, Kugeln, Bomben und auch einige kunsthandwerkliche Produkte, später waren verschiedene Fabriken und auch eine Gaststätte an dieser Stelle untergebracht.

Adresse Bundesstraße 455, Abzweig Hauptstraße Richtung Vockenhausen | Anfahrt B 455 von Epstein kommend folgen, schon kurz nach dem S-Bahnhof Eppstein macht die Straße eine Kurve, rechts geht es zur Hauptstraße von Vockenhausen; dort steht auch direkt das Denkmal | Tipp Nicht weit entfernt, in der Straße Am Heiligenwald 2 in Vockenhausen, steht ein von Robert Michel entworfenes Gebäude. Es gibt inzwischen auch einen Bergmann-Michel-Weg.

105 Die Fotowände

Blick in die Vergangenheit

Schwarz-Weiß-Fotografien hängen an den roten Wänden, dazwischen Glocken vor einer grünen Wand. Sie erzählen vom Leben der Menschen in dieser Gegend vor Jahrzehnten. Die Bilder sind das Besondere dieser Ausstellung, denn sie versetzen den Besucher in die Vergangenheit: Gruppenfotos von Menschen, die sich für das Bild extra herausgeputzt haben, genauso wie die Dorfbewohner bei der Arbeit, auf dem Feld, in der Pferdekutsche oder mit dem Dienstfahrrad. Sie zeigen, wie es hier einmal war. Großformatig, dicht an dicht und in Reihen wurden die Fotografien angeordnet. Ergänzt werden die Darstellungen von Scherenschnitten der Bleidenstädter Künstlerin Karola Pierson-Vietor.

Die Ausstellung zur Regionalgeschichte Taunussteins nennt sich »Vom Barbier, dem Rohrstock, der Kochkiste« und zeigt den Alltag im Dorf. Wie hat es früher in Wehen ausgesehen, wie lebten die Menschen miteinander, und wovon existierten die Haushalte, Höfe und Familien? Die Glocken, die hier ausgestellt sind, waren zum Beispiel die Ortsschellen, mit denen auf Neuigkeiten aufmerksam gemacht wurde. Ein »Schreier« verkündete die Nachrichten. Aus den 1930er Jahren stammt die Einrichtung eines Herrenfriseursalons, und ein alter Schulraum zeigt, wie um die Jahrhundertwende gelernt wurde. Die Kochkiste dokumentiert die Zeit nach dem Zweiten Weltkrieg.

Das Museum befindet sich im ehemaligen Schloss von Wehen, das ursprünglich im Mittelalter erbaut wurde. Der heutige Bau ist ein Barockbau ohne Schnörkel, eher im einfachen Stil, wie es damals in Nassau üblich war. Durch einen Torbogen gelangt man in den Schlosshof und zum Museum. Hier lebte einst die gräfliche Familie, das Gebäude war Amtssitz und auch Jagdschloss. Heute dagegen dient es neben der geschichtlichen Darstellung auch zeitgenössischen Künstlern. Ein eigener Ausstellungsbereich erklärt schließlich, wie Taunusstein zu seinem Namen kam. Und den Wehenern dient es als Standesamt.

Adresse Weiherstraße 6, 65232 Taunusstein-Wehen, Tel. 06128/968696, museum@taunusstein.de | **Anfahrt** von der A 3 immer Richtung Taunusstein, von der Aarstraße geht links die Weiherstraße ab | **Öffnungszeiten** Di 10–13 Uhr, Mi 10–20 Uhr, Sa und So 14–17 Uhr, an Feiertagen, die auf Di und Mi fallen, ist das Museum geschlossen; der Eintritt ist frei | **Tipp** In Taunusstein steht in der Aarstraße 176 ein Design-Klassiker aus den 1960er Jahren. Futuro heißt das ufoähnliche Gebilde, das von einem Finnen als Skihütte konzipiert wurde. Das leichte Kunststoffhaus kann sogar von einem Hubschrauber transportiert werden.

106 Die Gruft

Jährliche Zeremonie

Zuweilen verschwindet die Gruft unter einer Tribüne – wenn Konzerte anstehen oder Aufführungen in der Schlosskirche geprobt und vorgeführt werden. Sonst liegt sie still und leise unter dem Altar. Nur einmal im Jahr wird die Fürstengruft geöffnet. Immer am 17. November, dem Todestag des Großherzogs Adolph, findet eine standesgemäße Zeremonie ihm und seiner Familie zu Ehren statt. Wer dabei ist und mit in die Gruft hinuntersteigt, verlässt genau genommen deutschen Boden und betritt Luxemburger Territorium. Nur wenige wissen, dass die Fürstengruft zum luxemburgischen Hoheitsgebiet gehört. Großherzog Adolph war bis 1866 Herzog von Nassau, danach wurde er 1890 Großherzog von Luxemburg. Die Nachfahren von Weilburg und Nassau wurden luxemburgische Staatsoberhäupter. Kein Wunder also, dass in Königstein das Luxemburger Schloss steht. Darin lebte einst Adolph, vor allem aber seine Gattin Adelheid. Beigesetzt wurden sie alle in Weilburg. Eine hochherrschaftliche Versammlung befindet sich also unter der Schlosskirche. 27 Särge und Sammelbehälter sind in einem Raum von gerade mal 12 mal 7,5 Metern untergebracht. Graf Johann Ernst von Nassau-Weilburg war Bauherr der Kirche und zugleich der Erste, der hier seine Ruhe fand.

Der Zugang befindet sich unter einer Steinplatte vor dem Altar, auf der das Wappen von Nassau und Luxemburg und ein Hinweis in lateinischer Sprache zu finden sind: »Unter diesem Altar erwarten die Auferstehung die sehr Edlen, die sehr Mächtigen und sehr Berühmten Herren und Herrinnen aus dem alten nassauischen Stamm – Grafen und Fürsten von Nassau-Weilburg Herzöge von Nassau Großherzöge von Luxemburg R.I.P.«.

Wer am 17. November nach Weilburg kommt, kann nach einem feierlichen Gottesdienst und der offiziellen Feier mit Ehrenwache der Bürgergarde und Luxemburger und Weilburger Würdenträgern die Gruft besichtigen und Großherzog Adolph und seiner Familie huldigen.

Adresse Schlosskirche, Marktplatz, 35781 Weilburg, Tel. 06471/91270 | **Anfahrt** über die B 456 bis zur Straße Vorstadt oder Postplatz und dann den Straßen Richtung Schloss folgen | **Tipp** Auf dem Schlossplatz vor dem Bergbau-Museum steht ein Denkmal des Großherzogs. Weitere Andenken finden sich in Königstein: ein Denkmal im Park an der gleichnamigen Straße und das Luxemburger Schloss im Burgweg 2.

107 Das Hochhaus

Stampflehm in Hanglage

In Weilburg steht ein Gebäude, das offenbar schon lange nicht mehr bewohnt wird. Die Treppenstufen sind bereits überwachsen, rundherum wuchert Unkraut, die Türen und Fensterläden sind ein wenig ramponiert, und die graue Fassade ist trostlos anzusehen. Es ist nicht schön, eher morbid, doch im Verhältnis zu den meisten anderen Gebäuden in Weilburg beeindruckend. Die Höhe, aber auch die Bauweise sind das Besondere am Piségebäude, das genau genommen an zwei Straßen liegt, in der Hainallee und an der Ecke Niedergasse, wo es ins Zentrum hinaufgeht und die Straße es mit einer Kurve umschlingt. Bei dem Gebäude handelt es sich um das größte Stampflehmgebäude Deutschlands – ein schmuckloses sechsstöckiges Gebäude in Hanglage. Aber was ist das eigentlich?

Das Stampflehmgebäude verdankt die Stadt einem ruhelosen Tausendsassa. Wilhelm Jacob Wimpf war eigentlich Jurist, Unternehmer, Ingenieur, Müller, Autor und anderes. Sein Wissen erweiterte er immer wieder, zum Teil autodidaktisch. Als ihm sein Juristendasein zu langweilig geworden war, kaufte er Mühlen und Grundstücke in Weilburg auf und begann sich mit Bauarten zu beschäftigen. Dabei stieß er auf eine uralte Bauweise, die schon im Orient und in Arabien verwendet wurde: das Bauen mit Stampflehm. Krümeliger, feuchter Ton wird dabei mit Stampfwerkzeugen und Maschinen gepresst und zu schweren Bauteilen verarbeitet. Bis ins Mittelalter war das auch in Europa eine weitverbreitete Bauart, die mit der Einführung gebrannter Ziegelsteine in Vergessenheit geriet. Wimpf ließ diese Bauart in Deutschland wieder aufleben und machte sie populär. Er zählte zu den Pionieren und Experten der Pisébauten. In Weilburg hinterließ er weitere dieser Gebäude – zum Beispiel an der Limburger, Bahnhofs- oder Frankfurter Straße.

Bei seinem größten Werk konnte er den Vorteil der Bauweise auch an der Hanglage demonstrieren. Die Statik hat sich bis heute bewährt.

Adresse Hainallee 1, Ecke Niedergasse, 35781 Weilburg | **Anfahrt** B 456 bis zur Straße Postplatz, dann am Kreisel die zweite Ausfahrt (Steinerne Brücke) nehmen und dem Straßenverlauf folgen, bis die Hainallee rechts abgeht | **Tipp** In Königstein gibt es ein Haus des Architekten Richard Neutra, der sonst seine offene und in die Natur fließende Bauweise vor allem in Amerika verwirklichen konnte. Haus Rang ist ein Privatbungalow und kann leider nicht besichtigt werden.

108 Das Marmorbad

Kalt- und Warmwasser inklusive

Als das Weilburger Schloss gebaut und bewohnt wurde, war eine Badewanne mit fließend kaltem und warmem Wasser eine Sensation. Graf Johann Ernst von Nassau-Weilburg ließ von 1701 bis 1721 den barocken Teil erbauen. Das Hochschloss gehört heute zu den bedeutendsten Schlössern des Barocks, das gesamte Ensemble zugleich zu den am besten erhaltenen Renaissanceschlössern in Hessen. Beide Baustile wurden hier vereint; die Schlossanlage erstreckt sich über eine Länge von 400 Metern oberhalb der Lahn.

Im Schloss befindet sich ein schwarzes Marmorbad, wofür der weltbekannte schwarze Lahnmarmor aus dem nahe gelegenen Schuppbach gewonnen und nach Weilburg transportiert wurde. Die Badewanne hat eine Tiefe von fast 1,30 Metern und ein Fassungsvermögen von circa 2.000 Litern – das ist fast zehnmal so viel, wie heutige Standardbadewannen fassen können (circa 230 Liter). Kein Wunder also, dass es sich in erster Linie um ein Lustbad und weniger um ein Reinigungsbad handelte. Damit es nicht zu unbequem für die Badenden wurde, gab es auch eine Sitzbank. Neu und äußerst selten war es damals jedoch, dass das Bad über fließend kaltes und warmes Wasser verfügte. Hier gelangte es durch drei Messinghähne in die Wanne. Aus einem Hahn kam kaltes, aus den beiden anderen warmes Wasser. Dafür stand der Heizraum hinter der Rückwand zur Verfügung. In riesigen Kupferkesseln wurde über Feuerstellen das Wasser erhitzt – ein wahnsinniger Aufwand für die Bediensteten, um es den hohen Herrschaften gut gehen zu lassen. Das kalte Wasser kam über ein Leitungsnetz von den Lahnhöhen.

Die schwarze Marmorwanne ist ein äußerst seltenes Beispiel aus der Renaissancezeit und gehört zur Schlossführung. Die Heizkammer kann nicht besichtigt werden. Dafür ist aber der Schlossgarten jederzeit zugänglich. Hoch über der Lahn finden sich hier riesige vergoldete Amphoren, Springbrunnen und andere hübsche Details.

Adresse Schloss und Schlossgarten Weilburg, Schlossplatz 3, 35781 Weilburg/Lahn, Tel. 06471/91270 | Anfahrt über die B 456 bis zur Straße Vorstadt oder Postplatz und dann den Straßen Richtung Schloss folgen | Öffnungszeiten ganzjährig bis zum Einbruch der Dunkelheit, März–Okt. Di–So 10–17 Uhr, Nov.–Feb. Di–So 10–16 Uhr | Tipp In Schuppbach wird zwar kein schwarzer Marmor mehr abgebaut, doch in dem winzigen Ort befindet sich noch das Gebäude der alten Synagoge (Mittelstraße 36).

109 Das Rollschiff

Die Entdeckung der Langsamkeit

Viele Jahre fuhr der alte Mann mit dem Boot über die Lahn von der einen Uferseite zur anderen. Immer während der Sommermonate brachte er damit Spaziergänger und Neugierige sicher von der Anlegestelle »Im Bangert« (oberhalb des zweiten Weilburger Wehrs) auf die Seite unterhalb der Hauseley, einem aus der Lahn ragenden Felsen. Es war ihm immer eine Freude, doch 2017 wird er von einem jüngeren Fährmann ersetzt und will seine Rente genießen.

Das Rollschiff wird es weiter geben – wie seit mehr als 325 Jahren. 1691 wurde das erste gebaut und zu Wasser gelassen. Die Stadt hatte zwischenzeitlich überlegt, den Betrieb endgültig einzustellen, denn das Rollschiff trägt sich nicht ohne Zuschuss. Mit Hilfe von heimischen Vereinen konnte die Tradition jedoch erhalten bleiben. Den Namen verdankt das Schiff, das eigentlich ein Boot ist, einem Drahtseil, mit dessen Hilfe es über Rollen gezogen wird. Das ist die Aufgabe des Fährmanns. Und natürlich das Kassieren: 50 Cent zahlen Erwachsene, Kinder 25 Cent, Fahrräder kosten ebenfalls 50 Cent – ein günstiges Vergnügen.

Es ist zwar nicht mehr notwendig, mit dem Rollschiff von der einen Seite zur anderen zu gelangen, denn genauso gut kann man die nur einige hundert Meter entfernte Kettenbrücke benutzen, doch es ist ein besonderes Erlebnis. Von April bis Anfang Oktober legt das Rollschiff normalerweise zu festen Zeiten ab, die jedoch auch ein wenig von der Nachfrage abhängen. Ein kurzer Spaziergang führt unterhalb des alten Stadtzentrums von Weilburg entlang, vorbei am Tipi und am Modellbaupark, über die Brücke und dann links durchs Ufer. Dort verläuft zwar ein Weg, dennoch ist es ein wenig einsam und abenteuerlich, entlang der Lahn, durch Bäume und Büsche, an Felsen vorbei. Obwohl die Stadt danebenliegt, ist man mitten in der Natur, trifft ab und zu auf Spaziergänger oder auch Angler. Und der Fährmann freut sich auf Kundschaft!

Adresse Im Bangert, 35781 Weilburg | Anfahrt B 456 bis zur Straße Postplatz und dann am Kreisel die zweite Ausfahrt (Steinerne Brücke) nehmen und dem Straßenverlauf folgen, bis die Hainallee rechts abgeht, der Hainallee folgen, bis sie zur Straße Im Bangert wird, kurz hinter der alten Kaserne befindet sich die Anlegestelle, oder vorher über den Steg und an der Lahn entlanglaufen | Öffnungszeiten in den Sommermonaten Sa, So und Feiertage 11–18 Uhr, das Rollschiff kann auch für Gruppen und Sonderfahrten gebucht werden, über www.weilburg.de/de/informationen oder tourist-info@weilburg.de und Tel. 06471/31467 oder 06471/31481 | Tipp Eine weitere Rarität im Taunus (und in Deutschland): In Usingen gibt es die Karawanserei Llamera, die Kamelevents und -veranstaltungen sowie Trekking, Reiten und Touren auf Kamelen anbietet.

110_Das Kino

Multifunktionales Konzept

Vom ehemaligen Wohnhaus ist nur wenig übrig geblieben: gerade mal das Kerngebäude des alten Kinos und eine Mauer. Sonst wurde rund um das Weilheimer Lichtspielhaus Pastori alles neu gebaut. Seither ist daraus weit mehr geworden als ein 99 Jahre altes Kino – ein stilvolles Multitalent mit Restaurant, Bar, Hotel, Veranstaltungsräumen, Vorführungen und sonstigen kulturellen Feierlichkeiten.

Die Geschichte des Lichtspielhauses begann wesentlich früher: 1900 wurde das einstige Wohn- und Gasthaus erbaut, einige Jahre später kam ein Saalbau hinzu. Es entwickelte sich ein beliebter Treffpunkt für Tanz- und Turnveranstaltungen, es wurde vom Gesangsverein genutzt oder diente für Theateraufführungen. Seit 1919 ist es das erste Lichtspieltheater der Region. Später wurde es von den Amerikanern beschlagnahmt und zu einem Atelier für Filmplakate (neben dem Kino befand sich die Werkstatt, in der Plakate gesprüht wurden).

Die Kinostühle stammen noch aus den 1970er Jahren. Damals waren sie absolut futuristisch; heute, nachdem sie komplett aufgearbeitet wurden, sind sie einfach kultverdächtig, knallig rot, vor allem aber bequem. Auch andere Details wurden während des Umbaus freigelegt und wiederentdeckt – so eine Empore, auf der einst Bands spielten und heute Musiker stehen, ein alter Spieltisch oder ein Tonnengewölbe, das für eine gute Akustik sorgt. Das heutige Ensemble ist auf Initiative der Schwiegertochter des Kinogründers, mit Unterstützung des Bürgermeisters und mit dem Engagement der ortsansässigen Straßenbaufirma Schäfer entstanden. Herzblut und Wehmut waren dabei treibende Kräfte für alle Beteiligten. Denn ein Kino, in dem quasi schon jeder aus der Umgebung einmal gesessen hat, kann nicht einfach verschwinden. Mit dem Namen »Pastori« bleiben die Eigentümer und Investoren in Erinnerung: »Pastori« ist italienisch und heißt übersetzt Schäfer oder Hirte.

Adresse Pastori – das historische Lichtspielgasthaus, Hauptstraße 29, 35789 Weilmünster | **Anfahrt** B 456 Richtung Weilmünster Abzweig Dietenhausen oder Möttau, der Möttauer Straße oder Weilstraße folgen bis zum Kreisel, dann in die Straße Am Bleidenbach, bis rechts die Hauptstraße abgeht | **Öffnungszeiten** Kino: laut Vorführungsplan; Kartenreservierungen unter Tel. 06472/414; Restaurant: Mo–Sa 17.30–22 Uhr, So 12–14 und 17.30–22 Uhr, für Kinogäste Fr und Sa auch noch nach 22 Uhr geöffnet | **Tipp** Ein anderes geschichtsträchtiges Kino befindet sich in Friedrichsdorf-Köppern (Köpperner Straße 70). 1918 wurden hier bereits die ersten Filme geschaut.

111_Der Möttauer Weiher

Wo man träumen kann

Der Taunus ist reich an üppiger Natur: Unendliche Wiesen, Wälder und Felder ziehen sich durch die ganze Region. Hier befinden sich kostbare Quellen, die der Gegend zu vielen Heilbädern und Kurorten verholfen haben. Stehende Gewässer, Seen und Weiher gibt es dagegen selten. Im westlichen Hintertaunus liegt im landschaftlich äußerst reizvollen Wispertal der Wispersee (in der Nähe von Nauroth); im östlichen Teil ist der Hattsteinweiher bei Usingen zu finden, der Meerpfuhl bei Merzhausen oder der Grünwiesenweiher bei Neu-Anspach. In der Nähe von Weilmünster, gleich neben der kleinen Gemeinde Möttau, liegt der Möttauer Weiher. Es ist ein verträumter See, ein wenig eingewachsen, doch zugleich gibt es einige gut zugängliche Wiesen und romantische Sitzplätze. An Werktagen sind nur vereinzelt Spaziergänger mit ihren Hunden oder allein unterwegs. Oder die stillen Angler, bei denen der See sehr beliebt ist.

Das Dorf Möttau kann mit zwei Bächen aufwarten: Hier entspringt der Möttbach, der nach Philippstein weiterfließt, und der Iserbach mündet hier in den Möttbach. Einst war hier mehr los, denn der Ort liegt zwischen zwei alten Heerstraßen. Doch im Dreißigjährigen Krieg wurde fast alles zerstört. Bekannt war Möttau dennoch lange Zeit für das traditionelle Orgelbauhandwerk. Den Familienbetrieb der Familie Hardt gibt es immer noch – inzwischen in der vierten Generation.

Ein Weg zwischen Weilmünster und Möttau führt kurz vor dem Ort von der B 456 zum Wanderparkplatz. Von dort lässt sich der See umrunden. Dazu folgt man der Markierung »Wisent« – am Zementwerk vorbei, ein kleines Stück parallel zur Kreisstraße, an Streuobstwiesen vorbei über Feldwege, durch Wald und entlang des Hollandskopfes. Der Weiher ist eine zurückhaltende Naturschönheit mit einer Wasserfläche von 4.500 Quadratmetern im Talgrund der Möttau, dahinter ziehen sich sanft bewaldete Hügelketten.

Adresse Möttauer Weiher, 35789 Weilmünster | **Anfahrt** B 456 Richtung Weilmünster, Abzweig Möttau und dann Richtung Möttau über die Hessenstraße, bis es links (K 425) in den Ort geht, gleich links befindet sich eine Sackgasse, an deren Ende der Parkplatz zum Möttauer Weiher liegt | **Tipp** Ein anderer wunderschön gelegener Weiher ist der Weilborn. Er ist über den Weiltalweg zu erreichen und liegt circa 500 Meter hinter Oberreifenberg.

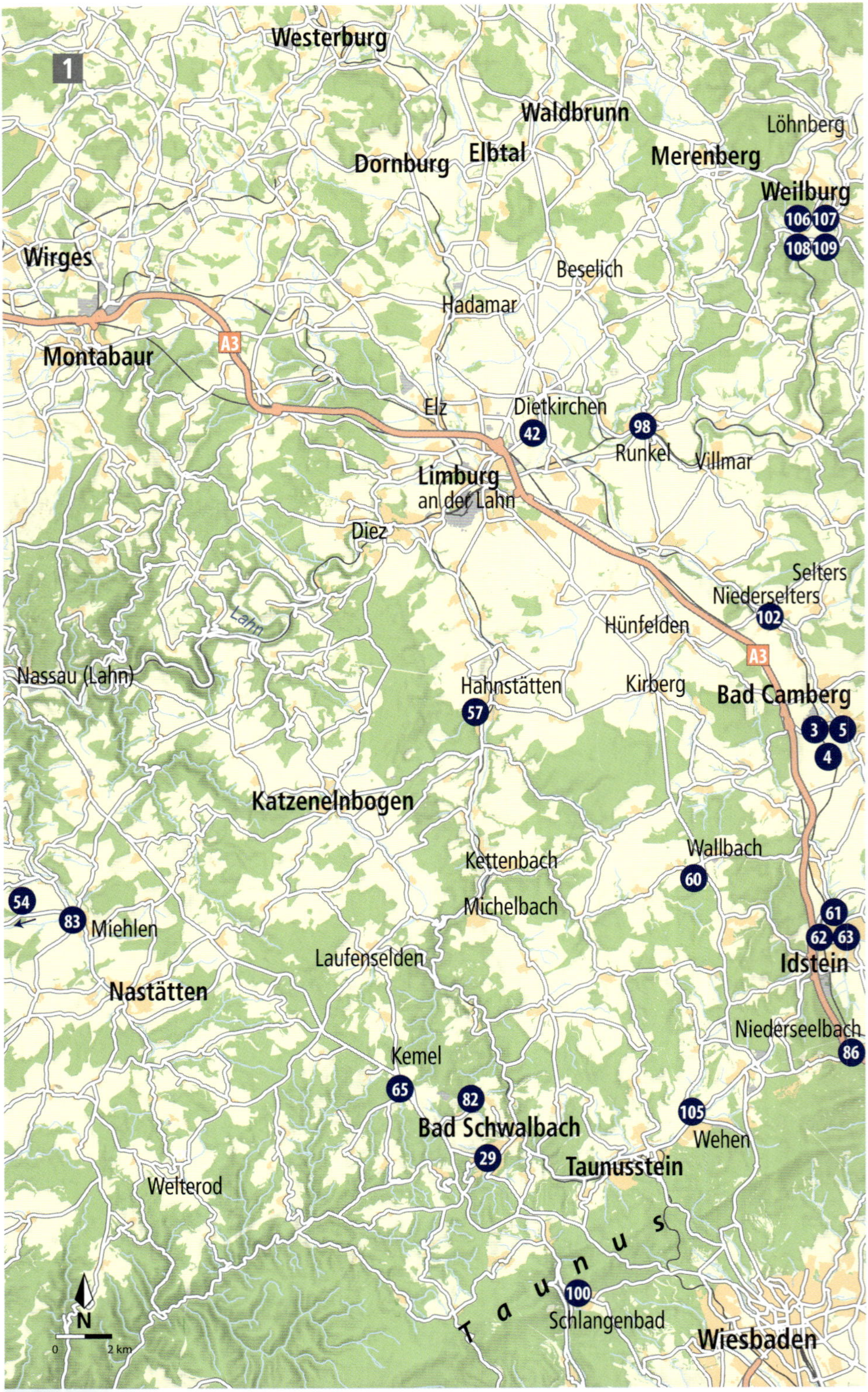

1
Westerburg
Waldbrunn
Löhnberg
Dornburg
Elbtal
Merenberg
Weilburg
106
107
108
109
Wirges
Beselich
Hadamar
A3
Montabaur
Elz
Dietkirchen
42
98
Runkel
Villmar
Limburg
an der Lahn
Diez
Selters
Niederselters
102
Lahn
Hünfelden
A3
Nassau (Lahn)
Hahnstätten
57
Kirberg
Bad Camberg
3
5
4
Katzenelnbogen
Wallbach
Kettenbach
60
54
83
Miehlen
Michelbach
61
62
63
Idstein
Laufenselden
Nastätten
Niederseelbach
86
Kemel
65
82
105
Bad Schwalbach
Wehen
29
Taunusstein
Welterod
Taunus
N
100
0
2 km
Schlangenbad
Wiesbaden

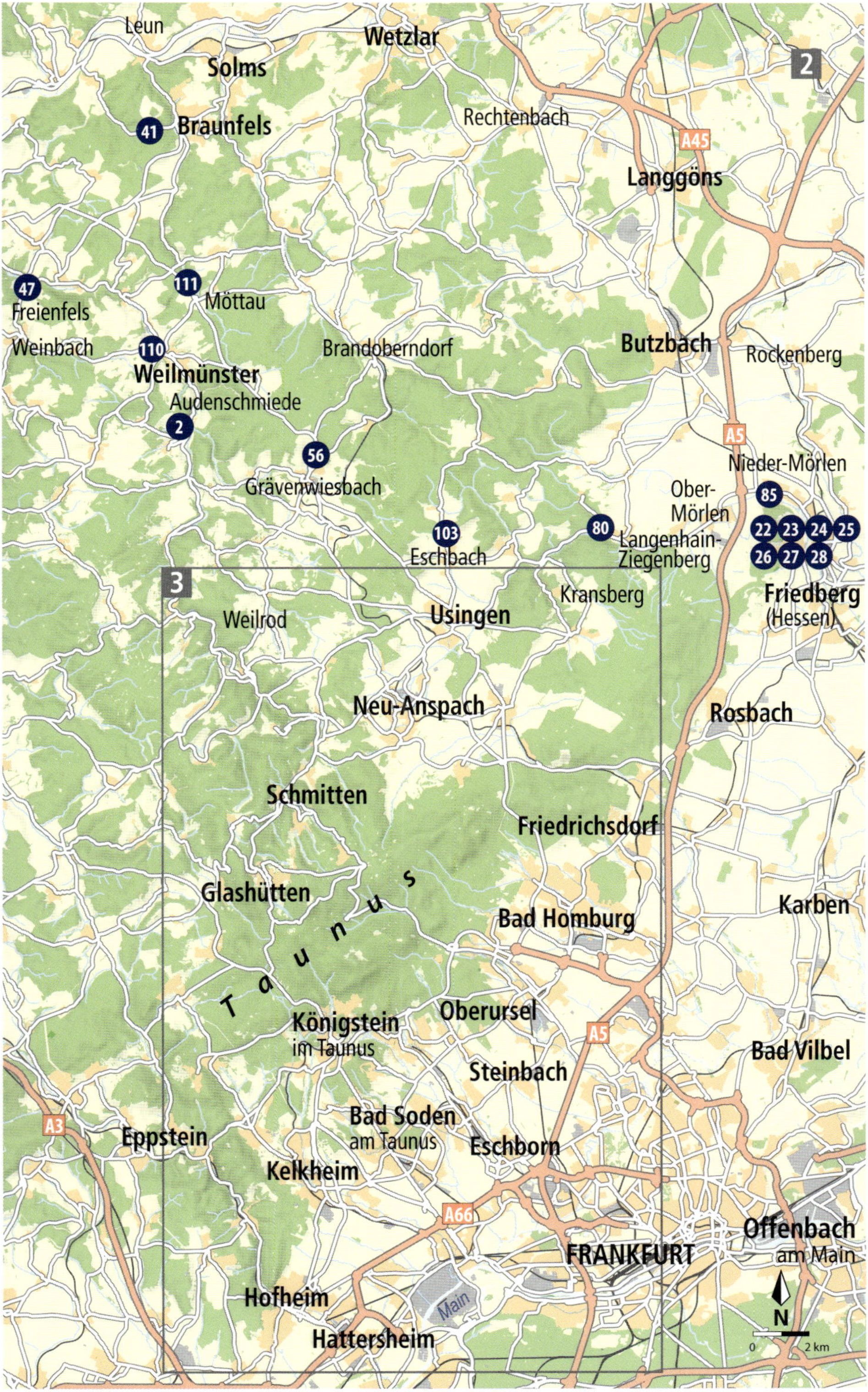
Leun
Wetzlar
Solms
2
41
Braunfels
Rechtenbach
A45
Langgöns
47
111
Möttau
Freienfels
Weinbach
110
Brandoberndorf
Butzbach
Rockenberg
Weilmünster
Audenschmiede
2
A5
56
Nieder-Mörlen
Grävenwiesbach
Ober-
Mörlen
85
103
80
22
23
24
25
Langenhain-
Ziegenberg
26
27
28
Eschbach
3
Kransberg
Friedberg
(Hessen)
Weilrod
Usingen
Neu-Anspach
Rosbach
Schmitten
Friedrichsdorf
Glashütten
Taunus
Karben
Bad Homburg
Königstein
im Taunus
Oberursel
A5
Bad Vilbel
Steinbach
A3
Bad Soden
am Taunus
Eppstein
Eschborn
Kelkheim
A66
Offenbach
am Main
FRANKFURT
Hofheim
Main
N
Hattersheim
0
2 km

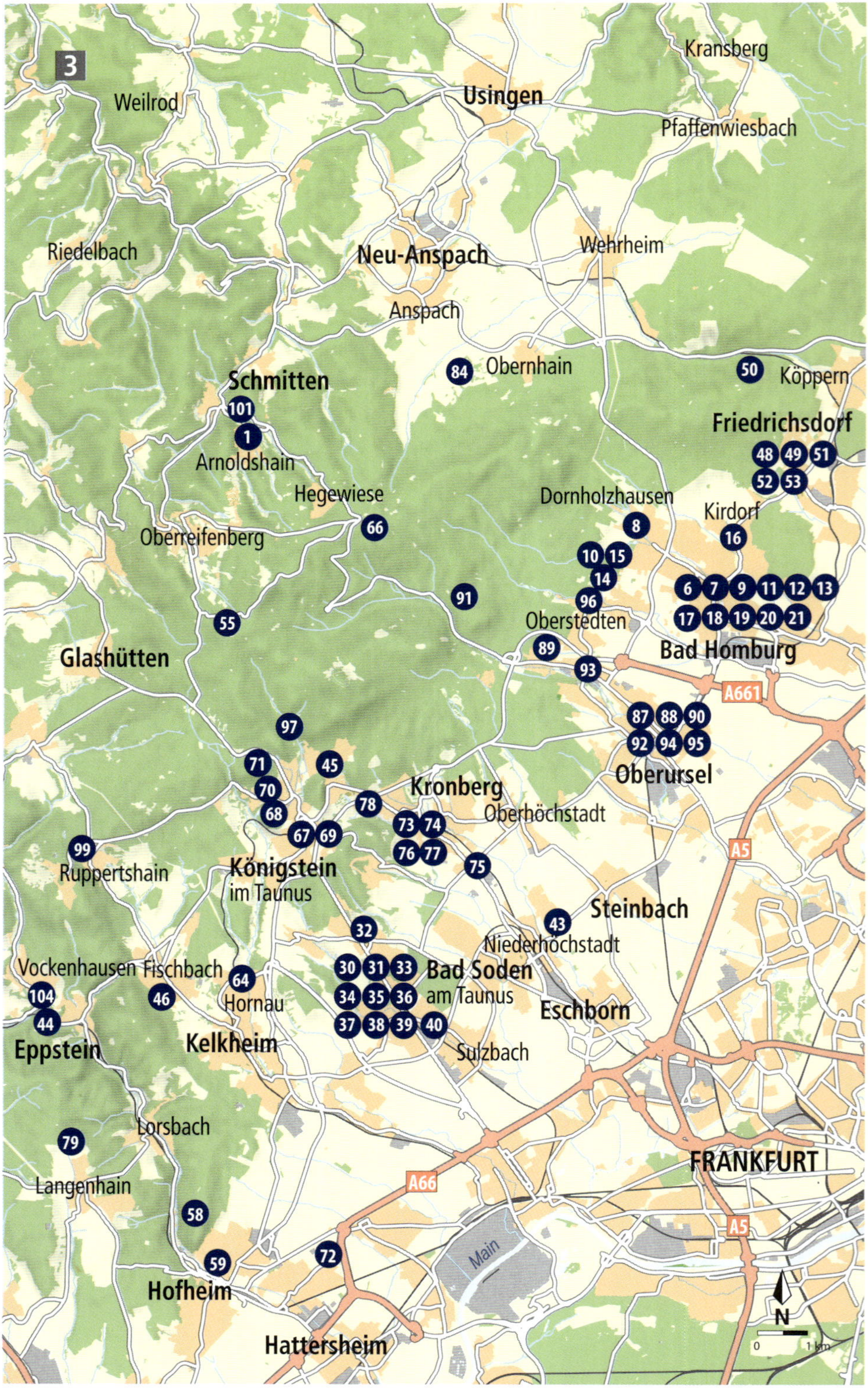
3
Kransberg
Usingen
Weilrod
Pfaffenwiesbach
Riedelbach
Neu-Anspach
Wehrheim
Anspach
Obernhain
Köppern
Schmitten
Friedrichsdorf
Arnoldshain
Hegewiese
Dornholzhausen
Kirdorf
Oberreifenberg
Oberstedten
Glashütten
Bad Homburg
A661
Oberursel
Kronberg
Oberhöchstadt
Ruppertshain
Königstein
im Taunus
A5
Steinbach
Niederhöchstadt
Vockenhausen
Fischbach
Bad Soden
am Taunus
Hornau
Eschborn
Eppstein
Kelkheim
Sulzbach
Lorsbach
FRANKFURT
Langenhain
A66
A5
Main
Hofheim
Hattersheim
N
0
1 km

Dorothee Fleischmann,
Carolina Kalvelage
111 Orte in Budapest, die man gesehen haben muss
ISBN 978-3-95451-744-2

Ursula Kahi
111 Orte im Aargau, die man gesehen haben muss
ISBN 978-3-95451-537-0

Christian Löhden
111 Orte in Graubünden, die man gesehen haben muss
ISBN 978-3-95451-514-1

Oliver Schröter, Falk Saalbach
111 Orte in Zürich, die man gesehen haben muss
ISBN 978-3-95451-538-7

Cornelia Lohs
111 Orte in Bern, die man gesehen haben muss
ISBN 978-3-95451-669-8

Giulia Castelli Gattinara,
Mario Verin
111 Orte in Mailand, die man gesehen haben muss
ISBN 978-3-95451-617-9

Cornelia Ziegler,
Chris Sindermann
111 Orte auf Kreta, die man gesehen haben muss
ISBN 978-3-95451-540-0

Dorothee Fleischmann,
Carolina Kalvelage
111 Orte an der Costa Brava, die man gesehen haben muss
ISBN 978-3-95451-561-5

Jo-Anne Elikann
111 Orte in New York, die man gesehen haben muss
ISBN 978-3-95451-512-7

Ralf Nestmeyer
111 Orte an der Côte d'Azur, die man gesehen haben muss
ISBN 978-3-95451-563-9

Uwe Ramlow
111 Orte im Tessin, die man gesehen haben muss
ISBN 978-3-95451-840-1

Marion Rapp
111 Schätze der Natur rund um den Bodensee, die man gesehen haben muss
ISBN 978-3-95451-619-3

Gerd Wolfgang Sievers
111 Orte in Venedig, die man gesehen haben muss
ISBN 978-3-95451-352-9

Dietlind Castor
111 Orte am Bodensee, die man gesehen haben muss
ISBN 978-3-95451-063-4

Petra Sophia Zimmermann
111 Orte am Gardasee und in Verona, die man gesehen haben muss
ISBN 978-3-95451-344-4

Marcus X. Schmid,
Halûk Uluhan
111 Orte in Istanbul, die man gesehen haben muss
ISBN 978-3-95451-333-8

Christiane Bröcker,
Babette Schröder
111 Orte in Stockholm, die man gesehen haben muss
ISBN 978-3-95451-203-4

Marcus X. Schmid,
Michel Riethmann
111 Orte in Luzern und rund um den Vierwaldstättersee, die man gesehen haben muss
ISBN 978-3-95451-917-0

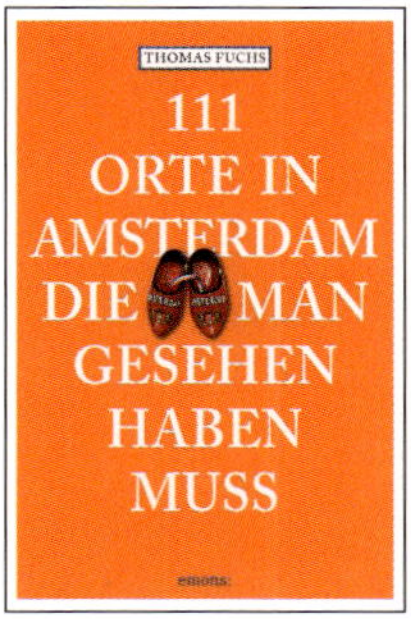

Thomas Fuchs
111 Orte in Amsterdam, die man gesehen haben muss
ISBN 978-3-95451-209-6

Annett Klingner
111 Orte in Rom, die man gesehen haben muss
ISBN 978-3-95451-219-5

John Sykes, Birgit Weber
111 Orte in London, die man gesehen haben muss
ISBN 978-3-95451-117-4

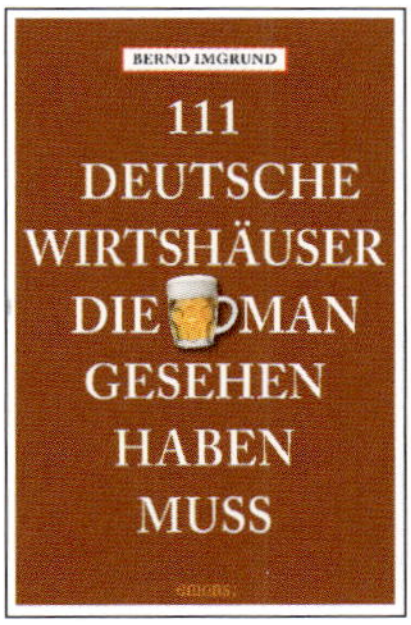

Bernd Imgrund
111 deutsche Wirtshäuser, die man gesehen haben muss
ISBN 978-3-95451-080-1

Alexander Barth, Jenny Roder
111 Orte im Dreiländereck, die man gesehen haben muss
ISBN 978-3-95451-316-1

Gerald Polzer, Stefan Spath
111 Orte in Graz, die man gesehen haben muss
ISBN 978-3-95451-466-3

Stefan Spath
111 Orte in Salzburg, die man gesehen haben muss
ISBN 978-3-95451-114-3

Barbara Krull
111 Orte im Elsass, die man gesehen haben muss
ISBN 978-3-95451-596-7

Peter Eickhoff, Karl Haimel
111 Orte in Wien, die man gesehen haben muss
ISBN 978-3-89705-969-6

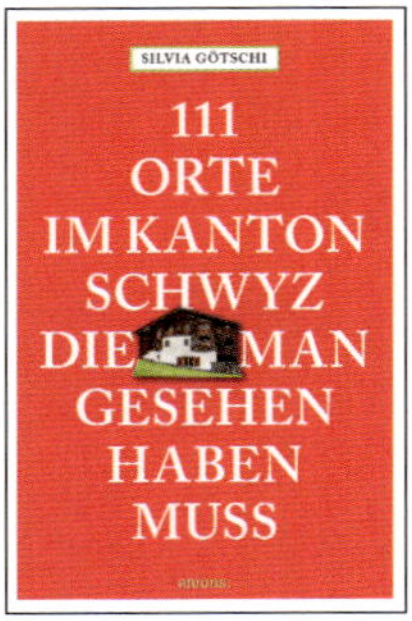

Silvia Götschi
111 Orte im Kanton Schwyz, die man gesehen haben muss
ISBN 978-3-7408-0116-8

Cornelia Ziegler
111 Orte im Allgäu, die man gesehen haben muss
ISBN 978-3-95451-343-7

Kirsten Elsner-Schichor, Rainer Bodemer
111 Orte in Karlsruhe, die man gesehen haben muss
ISBN 978-3-95451-593-6

Oliver Schröter
111 Orte für echte Männer, die man gesehen haben muss
ISBN 978-3-95451-228-7

Beate C. Kirchner
111 Orte in Florenz und im Norden der Toskana, die man gesehen haben muss
ISBN 978-3-95451-513-4

Alexander Barth, Eckhard Heck
111 Orte in Aachen und der Euregio, die man gesehen haben muss
ISBN 978-3-89705-931-3

Marx de Morais
111 Orte in Turin und im Piemont, die man gesehen haben muss
ISBN 978-3-95451-736-7

Sina Beerwald
111 Orte auf Sylt, die man gesehen haben muss
ISBN 978-3-95451-511-0

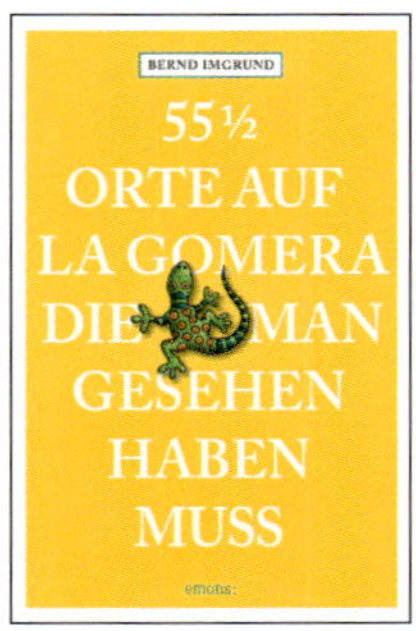

Bernd Imgrund
55 ½ Orte auf La Gomera, die man gesehen haben muss
ISBN 978-3-95451-700-8

Rike Wolf
111 Orte in Hamburg, die man gesehen haben muss
ISBN 978-3-89705-916-0

Rüdiger Liedtke
111 Orte auf Mallorca, die man gesehen haben muss
ISBN 978-3-89705-975-7

Lucia Jay von Seldeneck, Verena Eidel, Carolin Huder
111 Orte in Berlin, die man gesehen haben muss
ISBN 978-3-89705-853-8

Rüdiger Liedtke
111 Orte in München, die man gesehen haben muss
ISBN 978-3-89705-892-7

Lucia Jay von Seldeneck, Verena Eidel, Carolin Huder
111 Orte in Berlin, die man gesehen haben muss
Band 2
ISBN 978-3-95451-207-2

Silvia Schaub
111 Orte im Engadin, die man gesehen haben muss
ISBN 978-3-7408-0115-1

Bernd Imgrund, Britta Schmitz
111 Kölner Orte, die man gesehen haben muss
Band 1
ISBN 978-3-89705-618-3

Bernd Imgrund, Britta Schmitz
111 Kölner Orte, die man gesehen haben muss
Band 2
ISBN 978-3-89705-695-4

Mercedes Korzeniowski-Kneule
111 Orte in Basel, die man gesehen haben muss
ISBN 978-3-95451-702-2

Die Autorin

Dorothee Fleischmann arbeitet als Autorin. Sie hat für Literaturbeilagen, Reiseportale und Reiseführer geschrieben, an diversen Buchprojekten mitgearbeitet, Pressearbeit gemacht und lektoriert. Mit ihrem Mann und ihren zwei Kindern lebt sie in Berlin.